融资约束、资源配置与出口贸易

祝树金　赵玉龙　著

国家自然科学基金面上项目（71573076）　资助

科学出版社
北　京

内 容 简 介

本书遵循理论分析、现实观察、实证研究与对策建议相结合的研究思路，基于融资约束、资源配置以及出口贸易之间的逻辑关系，层层推进展开研究。首先探讨融资约束如何影响企业资源配置；其次从贸易边际、加成率的视角来分别反映出口结构和竞争优势，实证研究了融资约束的作用机制与效应；最后综合考虑融资约束和资源错配，考察其如何影响企业出口行为及出口质量。本书研究对于理解我国出口转型升级的驱动机制，理清融资约束、资源配置与出口贸易之间的关系提供了理论支持；为提高我国企业资源配置效率，缓解融资约束提供了政策借鉴；为转变我国出口增长方式，加快培育出口竞争新优势，推动贸易高质量发展提供了决策依据。

本书适合于高等院校经济、金融、贸易、管理等专业的师生阅读和研究参考。

图书在版编目（CIP）数据

融资约束、资源配置与出口贸易/祝树金，赵玉龙著. —北京：科学出版社，2021.6

ISBN 978-7-03-068953-5

Ⅰ. ①融… Ⅱ. ①祝…②赵… Ⅲ. ①出口贸易–研究–中国 Ⅳ. ①F752.62

中国版本图书馆 CIP 数据核字（2021）第 106624 号

责任编辑：邓 娴 / 责任校对：贾娜娜
责任印制：张 伟 / 封面设计：无极书装

科学出版社 出版
北京东黄城根北街 16 号
邮政编码：100717
http://www.sciencep.com
北京凌奇印刷有限责任公司 印刷
科学出版社发行 各地新华书店经销
*

2021 年 6 月第 一 版 开本：720×1000 B5
2021 年11月第二次印刷 印张：10 1/4
字数：205 000

定价：96.00 元

（如有印装质量问题，我社负责调换）

前　言

改革开放四十多年来，我国出口贸易快速发展，已成为全球最大出口国，在世界贸易格局中的地位不断上升。但我国原有出口贸易方式相对粗放，出口附加值不高，国际竞争力较弱，内生增长动力不足，在面临外部冲击时存在明显的脆弱性。加快转变出口增长方式，促进出口质量升级，不仅是我国贸易高质量发展的重要内容，而且是实现贸易大国向贸易强国转变的必要手段。党的十九大报告提出要"推进贸易强国建设"，"加快培育国际经济合作和竞争新优势"①；2019年11月19日中共中央、国务院发布了《关于推进贸易高质量发展的指导意见》，旨在进一步加快培育贸易竞争新优势，推进贸易高质量发展。但同时可以看到，目前我国出口贸易转型升级面临多重挑战，外部贸易环境复杂严峻，贸易摩擦增加了诸多不确定性，经济"逆全球化"趋势明显，美欧等发达国家积极谋求制造业回迁；我国经济发展进入了新常态，面临要素成本上升和供应趋紧的双重压力，深层次的资源错配和融资约束影响出口贸易持续、快速发展。本书基于融资约束、资源配置以及出口贸易三者的逻辑关系，考察融资约束如何影响企业资源配置，探讨融资约束如何影响出口贸易结构和竞争优势；同时考虑融资约束和资源错配，研究其如何影响企业出口行为以及出口质量，对这些问题的系统分析，将丰富异质性企业贸易理论相关领域的研究范畴，为全面理解我国出口转型升级的驱动机制，理清融资约束、资源配置与出口发展之间的关系提供理论支持；为提高我国企业资源配置效率、缓解融资约束提供可借鉴的政策参考，为转变我国出口增长方式，加快培育出口竞争新优势，推动贸易高质量发展提供科学的决策依据，具有重要的理论价值和现实意义。

本书基于现实背景和研究现状，遵循理论分析、现实观察、实证研究到政策建议的研究思路，围绕融资约束、资源配置和出口贸易，层层推进展开研究，主要包括以下三个方面的内容。首先，关于融资约束对于资源配置的影响，本书针对资源配置，分别基于要素初次分配和资源配置效率的视角，研究了融资约束对于企业劳动收入份额、资源错配的影响机制与效应。研究发现，融资约束对于我国劳动收入份额下降趋势具有解释作用，从流动资本的视角而言，内源融资约束程度提高，企业支付流动性成本的能力不足，会抑制劳动收入份额提升，而外源

① 习近平：决胜全面建成小康社会 夺取新时代中国特色社会主义伟大胜利——在中国共产党第十九次全国代表大会上的报告，http://www.xinhuanet.com/politics/19cpcnc/2017-10/27/c_1121867529.htm.

融资约束的缓解会降低劳动收入份额；融资约束对企业内资源错配、行业内资源错配表现为非线性的 U 型影响效应，相对于非国有企业，国有企业面临更高的融资约束临界值；对于不同要素密集度、不同地区的企业样本，融资约束对资源错配的影响存在差异性。其次，关于资源配置对于出口贸易的影响，本书基于出口贸易边际、出口产品加成率的视角，分别来反映出口贸易结构和出口竞争优势。样本期间我国制造业出口增长主要源于集约边际，尤其是数量边际，而价格边际变化不大；融资约束对制造业出口三元边际具有显著的影响作用。融资约束显著降低了中国多产品出口企业的产品加成率，对企业出口的非核心产品加成率的负向影响要小于核心产品；抑制生产率提升和产品质量升级是融资约束影响产品加成率的两个有效中介渠道，样本期间多产品出口企业主要采取质量竞争的核心产品策略，因此融资约束对核心产品质量升级的抑制幅度大于非核心产品，从而使得其对核心产品加成率的负向作用相对也要大。最后，关于融资约束、资源配置对出口贸易的影响，本书借鉴 Hsieh 和 Klenow（2009）的模型，测度了企业整体资源错配与要素（资本、劳动力）扭曲，实证发现整体资源错配、资本扭曲对于企业出口选择以及出口企业的出口强度有显著正向作用，但劳动力扭曲的影响作用相反；资源错配可以通过生产率效应、要素替代效应影响企业的出口行为，而要素替代效应发挥了主要作用；在资源错配影响企业出口行为的过程中，融资约束具有重要的调节效应：随着融资约束缓解，资源错配对出口选择的促进作用增强。以企业融资成本衡量的融资约束对出口产品质量表现为倒 U 型效应，劳动收入份额提高、企业内或行业内（企业间）资源错配对出口产品质量存在显著的负向影响；要素分配效应和再配置效应是融资约束影响出口产品质量的两个有效中介渠道。

本书的部分前期成果以论文形式已发表在《金融研究》《统计研究》《国际贸易问题》《湖南大学学报（社科版）》等学术期刊上；本书以及前期相关研究得到了国家自然科学基金面上项目（71573076）、湖南省哲学社会科学基金项目（17YBA086）的资助。在本书付梓出版之际，特别感谢科学出版社对本书出版的大力支持，感谢出版社邓娴老师的指导与帮助！由于时间仓促，研究水平有限，书中内容难免存在疏漏和不足之处，敬请国内外同仁批评指正。

目　　录

第1章 绪　论

1.1 研究背景及意义

改革开放四十多年来，我国出口贸易获得了突飞猛进的发展，在世界贸易格局中的地位不断上升，2009 年我国超过德国成为全球最大出口国，出口结构也得到了大幅改善。但我国原有出口贸易方式粗放，数量扩张和加工贸易特征明显，出口产品质量和国内附加值不高，国际竞争力较弱。许多研究表明，2008 年全球金融危机暴露了我国出口易受到外部冲击的脆弱性；出口增长主要是源于原有产品的出口扩大，而不是新产品的增加；在排除加工贸易和 FDI（foreign direct investment，外国直接投资或外商直接投资）的作用后，我国出口技术含量并没有明显改善（Amiti and Freund，2008；Xu and Lu，2009）；通过比较相同产品种类的出口商品，我国出口产品价格明显要低于其他发达国家甚至部分发展中国家所出口的同类商品的价格，也就是说我国所出口的是同类商品中的低端品种，出口产品的国内附加值低（Schott，2004）。党的十八大报告提出“要加快转变对外经济发展方式，推动开放朝着优化结构、拓展深度、提高效益方向转变”，“坚持出口和进口并重，强化贸易政策和产业政策协调，形成以技术、品牌、质量、服务为核心的出口竞争优势”①等；党的十九大报告进一步提出要“推动形成全面开放新格局”，“推进贸易强国建设”，“加快培育国际经济合作和竞争新优势”②。为进一步加快培育贸易竞争新优势，推进贸易高质量发展，2019 年 11 月 19 日中共中央、国务院发布了《关于推进贸易高质量发展的指导意见》。加快转变我国出口增长方式，促进出口质量升级，提高出口附加值和贸易竞争力，不仅是推进我国贸易高质量发展的重要内容，而且是促进我国由贸易大国向贸易强国转变的必要过程。

同时可以看到，我国贸易发展面临的国内外环境和形势正在发生深刻复杂变化，外部贸易环境存在诸多不确定性，全球经济格局加速调整，我国出口贸易升级和高质量发展面临重大机遇和挑战。从世界经济形势来看，全球经济复苏仍不稳定，全球总需求不振；同时世界“逆全球化”趋势明显，贸易投资保护主义渐

---

① 胡锦涛在中国共产党第十八次全国代表大会上的报告，http://cpc.people.com.cn/n/2012/1118/c64094-19612151.html.

② 习近平：决胜全面建成小康社会 夺取新时代中国特色社会主义伟大胜利——在中国共产党第十九次全国代表大会上的报告，http://www.xinhuanet.com/politics/19cpcnc/2017-10/27/c_1121867529.htm.

趋盛行，美欧等发达国家加快推动“再工业化”和“制造业回归”，发展中国家推进工业化进程步伐加快，全球优势要素争夺日趋加剧。全球贸易发展进入了一个全方位竞争阶段。同时，新一轮科技革命和产业变革蓬勃兴起，全球范围内创新资源快速流动，全球产业转移呈现新趋势、新特征；并且，全球价值链发展深化了全球各国或地区之间的相互依存、相互联动的关系，发展中国家能够通过发挥自身的比较优势，融入全球价值链，通过技术创新、结构优化、质量升级等向全球价值链高端转移，我国贸易发展面临“由大变强”的重大战略机遇。从国内经济发展来看，我国经济进入增长速度换挡、结构调整阵痛和前期刺激政策消化“三期叠加”的新常态发展阶段，“已由高速增长阶段转向高质量发展阶段，正处在转变发展方式、优化经济结构、转换增长动力的攻关期”[①]；同时因为人口结构和消费结构转变、需求层次提升、节能减排和环保要求提高等多种因素驱动，我国劳动力、土地、资源、原材料等要素面临成本上升和供应趋紧的双重压力（张宁，2016）。

出口的微观主体在于出口企业，而资本、劳动力等要素投入及其配置发挥着至关重要的作用；深层次的资源错配和要素市场扭曲影响我国经济和出口持续快速发展。首先，正如一些研究和调查报告所表明的，融资约束已成为制约我国经济转型升级、出口发展的重要瓶颈及影响因素之一（邓可斌和曾海舰，2014），世界银行的投资环境评估结果显示中国是融资约束最严重的国家。尤其是 2008 年全球金融危机以来，融资困难导致我国广东、江苏、浙江等地区民营企业退出出口市场或者倒闭现象严重，在一定程度上降低了我国企业的出口；企业异质性贸易理论研究强调了融资约束对企业出口行为的影响。其次，我国非市场化因素导致的结构性资源错配问题在很大程度上影响了我国生产率和出口竞争力。消除资源错配，是提高我国经济效率的重要途径[②]。2015 年中央经济工作会议确定了“三去一降一补”的供给侧结构性改革思路，就是要通过改革矫正要素配置扭曲，淘汰僵尸企业，按照市场规律和原则推动资源向高效率部门转移，提高经济的全要素生产率。最后，资源错配对于我国企业出口行为的影响，还受到非市场化因素的作用。正如众多研究所表明的，我国资源错配在很大程度上是因为非市场因素干预所导致的要素市场扭曲，这种干预不仅影响到资源配置效率和生产成本，而且必然会影响到企业出口。尽管经过多年的改革和发展，我国社会主义市场经济体制已经建立，但一直以来我国采取的是渐进式改革的思路，导致我国金融市场存在明显的所有制歧视，使得资源配置具有显著的非市场化特征（韩剑和郑秋玲，2014）。本书主要讨论政府干预下所导致的企业融资约束。中国企业家调查系统发布的《2015·中国企业经营者问卷跟踪调查报告》指出融资约束是影响企业发展的主要因素。由于我国金融市场

① 转引自党的十九大报告。

② 思客专访魏尚进：反腐是对企业的间接减税，http://sike.news.cn/statics/sike/posts/2016/03/219493900.html.

早期的“非利率市场化”特征，融资过程一定程度上伴随所有制特征等非市场化因素（于蔚等，2012）；刘小玄和周晓艳（2011）指出，国企和私营企业在融资成本方面的不平等使得民营企业约束更多，导致资本配置效率低下。

从理论研究而言，无论是传统贸易理论的比较优势模型，以及赫克歇尔和俄林的资源禀赋理论；还是新贸易理论指出的规模经济；或者是新新贸易理论强调的企业生产率差异（Melitz，2003），都不可忽略资源配置的影响。实证研究方面，现有许多文献从外商直接投资、贸易成本、贸易政策、政府补贴乃至融资约束等角度讨论了我国出口贸易的影响因素（Zhang and Felmingham，2001；江小涓，2002；Manova，2008；Demidova and Rodríguez-clare，2009）；而在这些具体原因的背后，资源配置发挥了极其重要的作用。许多研究表明，资源配置对经济发展具有重要影响（Banerjee and Duflo，2005；Restuccia and Rogerson，2008；Hsieh and Klenow，2009；Bartelsman et al.，2013；聂辉华和贾瑞雪，2011；罗德明等，2012）。Banerjee 和 Duflo（2005）从微观层面实证表明，相同生产要素在一个经济体内存在显著的配置效率差异；市场不完善的国家存在着严重的资源错配（misallocation of resources）。但目前研究主要集中考察要素丰裕程度对出口的影响，而很少有研究探讨资源错配对出口贸易尤其是出口绩效的影响（聂辉华和贾瑞雪，2011；周世民等，2014）。此外，我国资源错配问题研究，更多关注资本错配，但产生资本配置扭曲的主要因素之一是融资约束。Chaney（2005b）研究指出，受流动性约束小的企业更有可能克服出口时面临的固定成本，进入出口市场。Manova（2008）则指出企业出口时除去固定成本，还面临中间品购买、运输费用、关税等类别的可变成本，融资约束的存在则可能减少企业可变成本的支出进而影响出口；企业在面临融资约束时，资本投入不能达到最优规模，可能造成要素错误配置，所以在融资约束影响出口的过程中，资源配置发挥了重要的作用。

基于以上现实背景和理论背景，本书试图对以下问题予以研究和回答。首先，在企业生产过程中，融资约束会对企业资源配置产生哪些方面的影响？不仅包括融资约束对要素报酬分配的影响，而且包括融资约束对要素配置效率或者错配程度的影响；其次，融资约束如何影响企业出口？影响的机制和效应如何？特别是基于已有研究，从出口边际、出口加成等视角探讨融资约束对出口结构和出口绩效的影响；最后，进一步同时考虑融资约束和资源错配，研究其如何影响企业出口行为以及出口质量升级。对这些问题的系统研究，将补充和完善现代增长理论和贸易理论，从资源约束及配置的视角拓展了出口的研究范畴，为相关领域的研究提供了新的理论基础和研究方向，对全面理解我国出口升级路径，理清融资约束、要素配置与出口发展之间的关系提供了新思路；在应用层面上，为转变我国出口增长方式，推动出口质量升级，提升出口竞争力与出口绩效提供前瞻性的理论依据和数据支持，为继续全面深化我国经济体制改革，充分发挥市场对于资源配置的决定性作用，提供科学的对策建议；为降低我国资源错配，提高企业资源配置效率，促进我国供给侧结构性改革提供可借鉴的政策参考。

1.2 相关文献综述

1.2.1 融资约束的界定及度量研究

Modigliani 和 Miller（1958）提出了著名的 MM 理论，假设在完美资本市场中，企业投资和融资相互独立，企业市场价值与其资本结构无关；Modigliani 和 Miller（1963）进一步修正了 MM 理论，认为企业可以通过财务杠杆增加企业价值，因此企业使用负债越多，企业价值越大。然而现实中并不存在如 MM 理论假设的完美资本市场，企业融资会面临各种障碍和摩擦，融资约束成为政府、企业和学界关注的一个重要主题。Fazzari 等（1988）认为，融资约束本质上是因为市场机制不完善导致企业外部融资成本过高，使得企业投资不能达到最优；Kaplan 和 Zingales（1997）认为内部融资成本与外部融资成本不等的时候，抑或是外部融资成本远超过内部融资成本的时候，企业就面临了融资约束；Silva 和 Carreira（2011）指出融资约束是外部融资无法满足企业自身发展和投资所需要的资源，因此融资约束主要是指外部融资受到一定程度的限制。相关研究中存在流动性约束（liquidity constraints）这一概念，其与融资约束含义相近（马淑琴和王江杭，2014），如果没有考虑融资成本问题，那么融资约束就等同于流动性约束；但若考虑融资成本等因素，二者就存在差异；现有研究关于评价指标与测度方法，在流动性约束与内外源协同融资约束方面是一致的（Yavas and Freed，2001；Chaney，2008；Javorcik and Spatareanu，2009；马淑琴和王江杭，2014）。

现有研究中关于融资约束的测算方法涉及不同层面和维度。在宏观层面或地区层面上，一般认为一个地区或国家金融发展程度越高其面临的融资约束程度就越低（Leaven，2003），因此，许多研究使用一些金融发展的代理指标间接衡量融资约束程度，如流动负债占国内生产总值（gross domestic product，GDP）的比值、银行贷款占 GDP 的比值（Aziz and Duenwald，2002）、金融资产总额占国民财富的比值（Goldsmith，1969）、股市交易额与上市企业总价值之比（Levine and Zervos，1998）等。在行业层面上，一个金融市场发展滞后的地区或国家，严重依赖于外部金融的产业可能面临更强的信贷约束，Rajan 和 Zingales（1998）采用非内部融资成本在美国相同产业中所占的比率来度量某一产业对于外部金融的依赖程度。而在微观企业层面上，已有研究通过直接和间接方法对企业融资约束进行测度。其一，借助一般统计数据，通过现金流敏感性程度、信用评级等代理指标表示融资程度。代理变量的选择可分为两种：单一代理变量和综合代理变量。Fazzari 等

（1988）开创性地使用投资对现金流的敏感性程度作为企业的融资约束指标，之后获得了广泛应用（Mulkay et al.，2001；罗琦等，2007；何光辉和杨咸月，2012）。Czarnitzki（2006）则使用信用评级指数作为企业外部融资约束的代理变量，其指数越高企业获得外部融资越容易，融资约束程度也越轻。此外，也有一些研究采用信息成本（Hubbard，1997）、利息支出占销售收入的比重（Cai et al.，2005）、银行的信贷能力（Sufi，2009）、应付账款比率（于洪霞等，2011）等衡量指标。这些单一指标都是从某一个方面来衡量融资约束，通常缺乏对企业融资状况的整体描述。Kaplan 和 Zingales（1997）认为投资机会可能严重影响企业是否留存现金，因此现金流敏感性程度可能是对投资需求的反映，而非融资约束的体现，因此他们将企业融资约束区分为五类，并使用现金流量比率、股息支付比率、托宾Q 值、负债比率等指标对其进行回归分析，构造融资约束指标。Cleary（1999）使用流动资产与流动负债之比、总负债与总资产之比、固定费用比率、销售增长率与净利润率等多个指标建立融资约束程度的评判标准。Musso 和 Schiavo（2008）、Bellone 等（2010）则融合企业规模、商业信贷比率等多种指标构建融资约束变量。基于上述研究，阳佳余（2012）选用企业现金流量比率、商业信贷比率、企业规模、有形资产净值率、清偿比率、流动性比率、外资占比、资本收益、销售净利润率这九种指标综合反映企业的融资约束程度，另外，借助企业调研数据，直接对企业融资情况进行描述，构建相应指标得到企业融资约束状况。世界银行 2004 年公布了“商业环境和企业绩效调查”数据，将融资成本率和融资难易程度分为五个等级，因此可以直接利用该标准来衡量企业的融资约束（罗长远和陈琳，2011；邵敏等，2013；孙楚仁等，2014）。

从融资约束产生的来源来看，融资约束包括内源性、外源性约束以及两者兼之性约束。其中，内源性约束主要源于企业自身因素，如企业财务状况、营运能力、资本结构等，常用指标（但不限于这些指标）包括：①现金流量或存量占总资产的比重（Berman and Héricourt，2010；孙灵燕和李荣林，2011；阳佳余，2012），该比重越大说明现金流越充足，内源融资约束程度越小；②应收账款周转率，即销售收入与应收账款平均余额的比例；该比例越高，企业资金占用越少，从而能为企业提供更多的流动性，缓解企业的融资约束（魏浩等，2019）；③流动资产与总资产的比值（Egger and Kesina，2014），该比值越高，企业内源融资约束程度越低。外源性约束，主要源于外部因素，如国家金融发展水平、企业外部融资依赖程度等，主要有如下度量指标（但不限于这些指标）：①经济体的金融市场发展水平。一般而言，经济体的金融发展越完善，企业外部融资约束程度越低。例如，Beck 等（2009）使用私人信贷比来衡量一国的金融发展水平，私人信贷比被定义为从银行或非银行金融机构获得的贷款占 GDP 的比重，该比重越大表明一国的金融市场发展水平越高；Fauceglia（2011，2015）采用会计准则（accounting standards）来反映一国的金融发展水平，一国的会计准则越透明说明金融发展水平越高。②企业规模，通常采用企业总资产来衡量，这一数值越高，企业获得外部融资的可能性越大。③有形资产净值率，即企业有形资产占总资产的份额，该份额越高表明外部融资能力越强，反映了企业获得外部资金的资产抵押能力。④流动性比率，即企业流动资产与流动负债的比值（Minetti and Zhu，2011；Nagaraj，2014；Fauceglia，2015；阳佳余，2012），流动比率越高说明短期偿债能力越强，融资约束程度越小。⑤清偿比率，即企业股东权益占总负债的比值，该指标反映了企业财务结构的稳健程度以及对偿债风险的承受能力；该指标值越高，融资约束程度越低（阳佳余，2012）。⑥外部融资依赖度，即营运资本与资本支出之差与资本支出的比率，衡量了企业对外部融资的长期需求水平（Rajan and Zingales，1998；Braun，2003；Manova，2008，2013；Chor and Manova，2012；Besedeš et al.，2014），该比率越高表明外部融资依赖度越强。⑦商业信贷可得性，即应付账款的变动与总资产变动的比值，“应付账款”往往反映了企业能够从其产品供货方中所获得的商业信贷额度（阳佳余，2012），反映了企业短期营运能力（Chor and Manova，2012）和商业信贷约束，该比值越大，表示外部融资能力越强。

1.2.2 资源错配的测度及相关研究

资源错配是相对于资源的“有效配置”而言，资源有效配置是在社会生产中，生产要素达到了最大边际产出的配置情况，而错配就是偏离了这种最优状态。Banerjee 和 Moll（2010）认为有内涵型错配、外延型错配两种类型的资源错配；前者是指市场的不完全性所导致的要素在企业生产过程中不能以边际产出相等的原则进行最优配置，也就是说如果所有企业的生产技术都是凸的，那么有效配置就使得每个单位资源有相同的边际产出；如果没有满足该条件，就可以调整资源配置提高产出；后者是指经济体内现有企业间资源配置已达到等边际产出时存在的错配（张钟文等，2016）。Banerjee 和 Moll（2010）指出，外延型错配主要是因为部分企业的生产技术是非凸的，或者是因各种市场壁垒使得具有更高生产率的企业不能进入导致的。

目前关于资源错配的度量，一些研究认为经济中的某种扭曲是造成资源错配的主要来源，通过建模度量资源错配，如 Buera 等（2011）以金融约束来衡量错配；另一些文献则是采用加在要素价格上的“税收楔子”来表示相应的要素扭曲，一般假定要素扭曲是每单位资本、劳动力获得补贴或者被征收税负的比重，通过将其与不带“楔子”的要素价格进行比较，从而刻画资源错配程度（张钟文等，2016），代表性的文献如 Hsieh 和 Klenow（2009）等；此外，还有一些研究通过测度生产率的损失来衡量资源错配，即对实际生产率与帕累托最优状态的差异进行测度；或者考虑产品加成率的异质性，学者认为资源错配程度依赖于相对价格而不是绝对价格，如果企业间或者行业间的加成率不相同，就表明存在着资源错配（Epifani and Gancia，2011；Peters，2011）。Hsieh 和 Klenow（2009）从要素投入的扭曲以及全要素生产率（total factor productivity，TFP）损失两方面对错配进行度量，在规模报酬不变假设条件下将资本扭曲程度（τ_k）表示为 $1+\tau_k=\frac{\alpha_s}{1-\alpha_s}\frac{wL_i}{rK_i}$，其中 α_s 表示企业 i 占行业 s 的产出份额，w 和 r 分别表示工资和资本租金，L 和 K 则分别为劳动力和资本投入；同时定义 TFP 扭曲程度变量 $\mathrm{TFPR}_{si}=\frac{P_{si}Y_{si}}{K_i^{\alpha_s}(wL_i)^{1-\alpha_s}}$，其中 P 为价格，Y 为产出，企业间 TFPR 差异越大（TFPR 离散程度越高）说明存在要素错配程度越高。类似地，Oberfield（2011）使用产品间替代弹性等指标完善了企业层面的资本和劳动力扭曲的测度。龚关和胡关亮（2013）进一步突破了 Hsieh 和 Klenow（2009）关于规模报酬不变的假设，提出以投入要素的边际产出的方差及资本和劳动边际产出的协方差作为度量资本和劳动配置扭曲程度的指标。

Caselli（2005）、Alfaro 等（2008）研究发现，国家或企业之间的资源错配导致了国家间的贫富差距和企业间的人均收入差异。Banerjee 和 Duflo（2005）、Jeong 和 Townsend（2007）、Restuccia 和 Rogerson（2008），以及 Buera 等（2011）研究认为贫困国家与发达国家所存在的生产率差距，很大原因是前者存在较大程度的资源错配。关于中国的相关研究主要有：Dollar 和 Wei（2007）采用中国企业数据，研究发现中国存在的资本配置扭曲导致不同地区和部门之间显著的资本边际报酬差异；如果减少扭曲，有效配置资本，可以在不增加投入的前提下使中国 GDP 增加 5%。Hsieh 和 Klenow（2009）使用中国、印度的微观企业数据计算了两国劳动力、资本的边际产出与美国的差距，结果发现如果劳动、资本能够获得有效配置，那么中国的 TFP 将提高 30%～50%，印度的 TFP 将上升 40%～60%。Brandt 等（2012）采用我国制造业企业数据对 TFP 增长率进行了分解，研究发现资源在不同所有制企业之间存在错配，而资源重置将提高中国企业的全要素生产率。聂辉华和贾瑞雪（2011）采用 1997～2007 年我国全部国有及规模以上制造业企业数据，通过测度和分解企业全要素生产率，发现我国制造业存在严重的资源错配，而国有企业是其主要因素。陈永伟和胡伟民（2011）基于传统的增长核算框架，提出了测度由要素价格扭曲引起的资源错配对于 TFP 及产出变动影响的方法；结合我国微观企业数据，分析了我国制造业资源错配的影响，结果发现我国制造业内部各子行业间的资源错配大约造成了实际产出和潜在产出之间 15%的缺口。罗德明等（2012）建立了一个异质性动态随机一般均衡模型，引入全要素生产率增长随机过程，刻画了要素市场面临政策扭曲下的国有与私有企业，研究发现政策扭曲产生的资源错置，将导致非常高的效率损失，我国国有部门受益于要素市场的政策扭曲。曹玉书和楼东玮（2012）采用我国地区和产业层面的数据，研究了我国资源错配、结构变迁和经济转型间的关系，结果发现，要素流动障碍和资源误置因素的存在不仅影响经济短期的产出总量及其产出比例，也影响经济的长期产出组合方式（生产前沿面）。杨振和陈甬军（2013）运用1998～2007年中国制造业微观数据，考察了劳动要素的资源错配程度及其引致的福利损失，研究发现劳动要素在制造业两位数代码产业间均存在扭曲配置，样本期间劳动的边际产品价值增长要比工资率的增长更快。龚关和胡关亮（2013）发现若资本、劳动得到有效配置，我国制造业全要素生产率将显著提高，在1998～2007年资本配置效率改善促进全要素生产率提高 10.1%，劳动配置效率改善促进全要素生产率提高7.3%。韩剑和郑秋玲（2014）将资源错配细分为行业内错配和行业间错配，研究发现我国行业内资源错配程度先降后升，行业间资源错配程度缓慢上升，行业内和行业间错配分别造成了实际产出和潜在产出之间30.25%和4.72%的缺口。

关于资源错配的原因，已有学者从企业进出口决策（Barseghyan and DiCecio，2011；Yang，2011）、政策扭曲（Restuccia and Rogerson，2008）、不合理的产业政策和竞争（Peek and Rosengren，2005；王文等，2014）、信息不完全（Fuchs et al.，2016）以及加成率（Edmond et al.，2012）等多方面给出了解释。资本投入作为企业主要生产要素之一，对产出有着重要的影响，以合理成本获得足够的资本投入成为企业生产活动的关键，金融市场运行的有效性将直接影响企业的融资成本，进而对要素配置效率产生重要影响。目前，许多研究从金融市场不完全、融资约束的视角来解释资源错配。Moll（2009）表示20%的生产率损失可以被金融扭曲这个因素所解释。Banerjee和Moll（2010）采用一个带有融资约束的资本积累方程研究了资源错配的存在。Campello等（2010）通过问卷调查研究了2008年金融危机后美国、欧洲和亚洲等国家和地区企业的融资约束状况，发现融资约束使企业在危机期间不得不减少技术研发投入、雇佣人数和资本支出，因此降低了要素投入效率。Buera等（2011）量化了金融发展对总体及部门层面全要素生产率的影响，金融市场的摩擦扭曲了资本配置，对国家的劳动边际产出和总的生产效率产生不利影响，融资约束造成国家间人均收入、TFP及资本产出比的差异。Azariadis和Kaas（2012）以及Foellmi和Oechslin（2012）则从金融摩擦的视角，解释了经济主体在融资约束条件下可能产生资源错配。张庆君等（2016）认为市场不完全导致不同所有制企业的融资成本不同，从而形成了金融错配，并利用2005～2012年省际层面数据进行了实证分析，结果表明金融错配显著地抑制了全要素生产率。

1.2.3 融资约束、资源错配与出口贸易的相关研究

关于融资约束与出口的相关研究，已有文献大部分集中考察融资约束对出口行为的影响。企业在生产、出口过程中会发生各种可变成本，如运输费用、关税

等，生产或者出口规模的扩大会使可变成本增加，因而企业需要更多的融资来克服这些成本，增加产品出口；如果金融市场完善，企业面临的融资约束较低，可变成本会降低，因而有利于增加研发，提高生产效率和产品竞争力，从而能扩大生产规模，增加出口贸易。Chaney（2005b）首先将流动性限制引入到 Melitz 的企业异质性贸易模型，假设企业之间不仅存在出口固定成本和生产率的差异，而且存在流动性约束差异，研究表明，流动性约束是制约企业出口行为的重要因素，某些企业虽然达到了出口的生产率门槛值，但由于存在流动性约束，企业不会选择进入出口市场；只有那些生产率较高的企业，并且能够从国内销售获得足够多的营业利润来克服出口固定成本，才能进入出口市场。Greenaway 等（2007）使用 1993～2003 年英国制造业企业数据，实证分析了企业自身流动性对于出口的影响，研究发现，一般进入出口市场的新企业具备较高的财务杠杆及相对较低的流动性。Buch 等（2009）发现 2008 年爆发的金融危机导致全球贸易额大幅度减少，其内在原因一方面是需求减少，另一方面则是企业融资变得更加困难，融资约束增加。Muûls（2015）拓展了 Chaney（2005b）、Manova（2013）的研究，其研究模型中同时包括内源融资和外源融资，分析了融资约束对于出口的影响。许多学者使用不同国家的样本数据考察融资约束对于出口行为的影响，如 Bellone 等（2010）、Nagaraj（2010）、Forlani（2010）、Paravisini 等（2015）等，这些研究认为高融资约束将抑制企业出口。作为发展中国家，我国企业面临比较严重的融资约束问题。2012 年世界银行投资环境调查（investment climate surveys）表明，在 80 个样本国家中，中国融资约束程度最为严重，80%的民营企业认为融资约束是企业发展的主要障碍。于洪霞等（2011）发现中国企业的出口固定成本受到融资约束影响，企业出口能力因此受限；孙灵燕和李荣林（2011）运用世界银行投资环境调查数据，借助 Probit 模型考察了融资约束对于中国企业出口的影响，研究发现融资约束是限制企业出口的重要因素，但其对国有企业与外资企业出口影响的显著程度存在差异，对民营企业出口有显著影响。徐榕和赵勇（2015）构建了考虑融资约束的异质性企业出口决策模型，采用中国工业企业数据进行实证研究，结果发现，融资约束缓解一方面直接提高了企业进入出口市场的可能性，另一方面间接地通过提高生产率促进企业出口；融资约束对不同所有制企业出口决策的影响存在差异。刘晴等（2017）构建了一个出口企业面临融资约束的垄断竞争模型，融资约束使得部分有能力进行通常贸易的企业选择出口导向型贸易模式，抑制贸易转型升级，从而为“企业融资约束严重”与“出口贸易发达”并存的中国独特的对外贸易现象提供了一定的理论解释。

少数研究考察了融资约束对于出口边际、出口质量的影响。Feenstra 等（2011）研究了融资约束对国内企业和出口企业的作用，发现由于出口企业从生产到销售存在时滞，从而面临更多的固定成本，风险较高，相比国内企业，出口企业受到的银行融资约束更多一些，导致出口的扩展边际和集约边际降低。Manova（2013）基于Melitz的企业异质性贸易模型，研究发现金融发展对出口的影响超过其对整体产出的影响，金融发展程度更高的经济体出口的产品种类更为广泛，拥有大的金融机构支持的出口商拥有更多的贸易伙伴。需要注意的是，Chaney（2005）和Manova（2013）都把融资约束引入Melitz企业异质性贸易模型，研究了生产率、融资约束和出口之间的关系，两者都假定企业进入出口市场必须支付固定成本，因此需要足够流动性；但在Chaney（2005b）模型中，企业通过国内销售获得现金流来负担这些成本，一旦企业成功进入出口市场，融资约束对其出口边际成本没有影响，企业通过内部资金流和国外贸易信贷渠道进行融资来扩大出口规模，融资约束会影响出口扩展边际但对出口集约边际没有影响；而在Manova（2013）的模型中，企业必须通过借贷以支付出口固定成本和可变成本，该模型表明生产率高且融资约束少的企业更可能出口，融资约束会降低出口的扩展边际和集约边际。Besedeš等（2014）从微观层面研究了融资约束对出口增长的影响，通过关注集约边际的变化，发现融资约束在企业出口初期发挥重要作用，但是对后期的出口增长没有什么影响。Ciani和Bartoli（2013）也发现融资约束会显著抑制出口产品质量提升；Crinò和Ogliari（2014）构建了包含企业融资约束与出口产品质量的异质性企业贸易模型，结合跨国面板数据，研究证实了融资约束影响出口产品质量的负向影响机制和效应；Bernini等（2015）使用法国企业数据实证发现，当企业出口面临融资约束时，可能减少高质量中间品的进口，减少研发或广告投入，对企业出口产品质量的提升造成负向影响，降低了出口产品质量。就我国而言，Li和Yu（2009）使用中国制造业企业面板数据，将企业的利息支出作为融资约束的代理指标，研究发现受融资约束越小的企业出口量越高。阳佳余（2012）基于我国工业企业数据，运用Heckman选择模型研究发现，企业融资状况的改善有助于提高其出口概率，同时也会显著促进其出口规模。张杰等（2013）研究了融资约束对于中国企业出口二元边际的作用：融资约束对出口扩展边际产生了制约作用，而对出口集约边际产生促进作用；但根据企业所有制类型细分样本后发现，融资约束对于我国企业出口二元边际的影响作用存在显著差异。刘慧等（2014）基于微观企业数据实证研究了融资约束对出口技术复杂度的影响，研究表明融资约束抑制了本土制造业出口技术复杂度的提升。张杰（2015）根据中国海关统计数据库和中国工业企业数据库数据，采用出口单位值来衡量出口质量，研究了金融抑制、融资约束对企业出口产品质量的影响，研究认为，由政府干预及金融抑制导致的不同所有制类型企业的融资约束存在显著的扭曲性差异，因此融资约束对于企业出口产品质量具有显著倒U型的影响效应。

关于资源错配与出口发展之间，目前尚缺乏有针对性的文献。正如前面文献回顾所阐述的，Hsieh和Klenow（2009）、Oberfield（2011）、龚关和胡关亮（2013）

等从不同角度采用不同方法测度资源错配；Dollar 和 Wei（2007）、Brandt 等（2012）、聂辉华和贾瑞雪（2011）、陈永伟和胡伟民（2011）、曹玉书和楼东玮（2012）、罗德明等（2012）、杨振和陈甬军（2013）等研究探讨了我国行业（主要是制造业）和地区层面存在的资源错配及其效率损失，但目前很少有文献从贸易层面来研究资源错配问题，周世民等（2014）在研究政府补贴对出口行为的影响时，考察了生产补贴的资源错配效应，他们采用我国 2005～2007 年制造业企业数据，研究了政府补贴对异质性企业出口行为的影响，利用动态 OP 方法（Olley and Pakes，1996）分解出生产率增长中的市场重置效应，刻画了生产补贴的资源错配效应。研究表明，生产补贴具有一定的出口激励作用但差异化特征明显，且带来了明显的资源错配问题：受补贴出口企业的生产率离散度普遍高于不受补贴出口企业；未受补贴出口企业的市场重置效应明显高于受补贴出口企业。钱学锋等（2016）在企业异质性贸易模型中考虑了国有偏向型政策和出口偏向型政策，构建了包含私有和国有企业的产业内资源错配的贸易模型，研究表明，偏向型政策导致在国有和私有企业之间及整体经济层面存在资源错配，从而降低了一国的贸易利益，并且这种贸易福利的损失，主要源自人均产出减少、贸易条件恶化与消费者可消费产品种类的下降。

1.2.4　简要文献评述

综上所述，融资约束、资源配置已成为国际贸易研究关注的焦点，研究内容涉及了融资约束对资源错配及出口的影响，但尚有许多问题亟待深化和解决。首先，从指标构建而言，已有研究在测度资源错配时，主要通过测度企业生产要素扭曲程度而没有考虑到企业不同生产要素之间和企业内整体资源错配，或者集中于产业内部的资源错配而很少涉及产业之间的资源错配及其影响，并且往往考察的是资源错配的静态效应而忽视其动态作用（陈永伟和胡伟民，2011）。再如已有研究在考察融资约束或资源错配对出口的影响时，主要关注出口行为或者规模，而对于出口结构、出口质量、出口竞争力等方面的研究不足。正如 Hausmann 等（2007）指出的，真正关系一个国家长期经济增长的不是它出口多少，而在于出口什么，即出口质量和技术水平等。Rodrik（2006）、Hausmann 等（2007）构建了出口复杂度指数、Hummels 和 Klenow（2005）等度量了出口的集约边际和广延边际、Khandelwal（2010）基于嵌套的 logit 模型度量了出口产品质量、De Loecker 和 Warzynski（2012）测度了出口企业加成率，这些研究从不同角度或者层面构建指标度量出口结构、质量或者出口竞争优势。因此，如何在贸易规模的基础上，系统考虑出口结构、产品质量、出口竞争优势等来综合反映出口发展是一个值得深化的研究主题。其次，从研究的视角而言，已有文献在研究融资约束、资源错配影响出口贸易时，主要集中考察融资约束对于出口行为或者出口规模的影响，目前尚缺乏深入分析融资约束对出口结构、质量和绩效的影响的研究；也很少有研究从贸易层面探讨资源错配的存在性及其影响效应（聂辉华和贾瑞雪，2011；周世民等，2014）；没有研究将融资约束、资源错配纳入同一个研究框架，系统考察融资约束、资源错配影响出口绩效的机制，缺乏对融资约束、资源错配及出口的系统性研究。最后，目前的研究多以经验研究为主，对于其影响机制的理论刻画不够。新新贸易理论强调了企业异质性对于企业出口选择的影响，而融资约束、资源配置是影响企业异质性的重要因素，虽然 Chaney（2005b）和 Manova（2013）发展了 Melitz（2003）模型，考察了融资约束影响出口行为的影响机制，但在综合反映融资约束、资源配置对出口的内在影响机制方面还不够，此外，从理论层面考察融资约束影响要素初次分配的机制和相关研究也比较缺乏。因此，如何把握融资约束、资源错配及出口的内在关联及系统性特征，在异质性贸易模型框架下探讨融资约束、资源错配影响出口行为及其绩效的机制尤为重要。

1.3　主要章节内容

基于我国现实经济发展背景，结合已有研究存在的不足，本书遵循理论分析、实证研究和政策建议相结合的研究范式，以融资约束为基本出发点，探讨了融资约束对资源配置、出口贸易的影响；进一步综合考虑融资约束、资源配置，讨论融资约束、资源配置与出口行为、出口质量之间的内在关联，研究融资约束、资源配置如何影响出口行为或出口质量；并基于相关部分研究，提供相应的政策建议。本书共包括 8 章，主要研究内容简述如下。

第 1 章为绪论，从现实和理论层面简要阐述了研究背景和意义；结合研究主题，从融资约束的界定及度量、资源错配的测度及相关研究以及融资约束、资源错配与出口贸易的相关研究等三个方面进行文献梳理和总结；并对全书各章节内容进行介绍，给出了本书写作的逻辑框架和可能存在的创新点。

第 2 章为融资约束影响劳动收入份额的理论及实证研究。基于流动资本的视角，在新古典要素分配模型中引入融资约束，分析了企业融资约束对劳动收入份额的作用机制；进一步建立相应的计量模型，实证考察了融资约束对劳动收入份额的影响效应。研究表明与流动资本紧密相关的内源融资约束对于劳动收入份额的变化具有显著的负向影响，尤其是对于非国有企业表现更为明显；外源融资约束的加强在一定程度上则可能减少企业流动资本的挤占，从而增加劳动收入份额；对于不同所有制类型、不同垄断能力的企业而言，融资约束对于劳动收入份额的影响存在差异性。

第 3 章为融资约束影响资源错配的实证研究。借鉴 Hsieh 和 Klenow（2009）的研究，考虑规模报酬可变等放松的假设条件下对企业内和行业内要素错配进行测度，进而实证考察融资约束对于资源错配的影响。研究发现，融资约束与企业内资源错配、行业内资源错配呈现非线性关系，随着融资约束的上升，企业内和行业内的资源错配程度将会先下降后增加；区分所有制、地区分布、行业类型进行分组回归，以及采用系统广义矩（generalized method of moments，GMM）方法进行估计，研究结论相对稳健。

第4章为融资约束影响出口边际的实证研究。基于我国细分的制造业出口贸易数据，将我国制造业出口增长分解为扩展边际、价格边际和数量边际，发现我国制造业出口表现为以数量边际增长为主导的特征；进一步建立计量模型进行实证研究，结果表明融资约束对出口三元边际具有显著的影响，内外部融资约束的缓解有助于出口扩展边际的提升，但对出口价格边际具有不同的影响。

第5章为融资约束影响出口企业产品加成率的实证研究。采用我国微观企业数据，从产品层面测算了多产品出口企业加成率，研究了融资约束对出口企业产品加成率及其内部调整的影响机制和效应。研究发现，融资约束降低了多产品出口企业加成率，这种影响效应在核心产品和非核心产品之间存在差异；在考虑内生性、改变关键变量、剔除极端值及改变样本范围之后进行实证检验，结论依然稳健。机制检验表明，生产率和产品质量是融资约束制约企业出口产品加成率提升的两个有效渠道，而产品质量升级策略选择则是融资约束对多产品企业核心和非核心产品加成率差异化影响的主要原因。

第6章为资源错配、融资约束与企业出口行为研究。基于生产率效应和要素替代效应，阐述了资源错配影响企业出口的机制，在此基础上建立企业资源错配影响出口行为的两阶段 Heckman 选择模型，实证研究发现，资源错配一定程度上促进了我国企业的出口，要素替代效应在其中发挥了主要作用；劳动扭曲会降低出口概率和出口强度；加工贸易为主的外贸特征造成资本扭曲程度更大的企业出口概率更高，出口强度更大；考虑到企业面临的融资约束后，实证发现融资约束的收紧有利于我国企业选择出口，融资约束与资源错配对出口选择存在显著的交互影响。

第7章为融资约束、资源配置与出口产品质量研究。通过构建两部门贸易模型，探讨了融资约束影响出口产品质量的机制；并进一步阐释了资源配置如何影响融资约束对出口产品质量的作用机制；建立计量模型，采用中国工业企业数据、海关进出口贸易数据进行实证分析，研究发现融资约束趋紧对于出口产品质量提升具有显著的倒U型效应；基于资源配置效应的视角，实证发现劳动收入份额提高、行业内或企业内资源错配对于出口产品质量存在显著负的影响。基于中介效应模型的机制检验表明，融资约束通过要素初次分配效应（劳动收入份额）和再配置效应（资源错配）两个渠道影响了出口产品质量。

第8章为本书的研究结论和展望，对全书研究进行简要总结，并指出下一步研究可以拓展的方向。

1.4 主要创新点

（1）研究视角和机制创新。综观现有研究，比较缺乏从理论层面探讨融资约束对资源配置的影响机制的研究，本书基于“流动资本”的视角，在新古典要素分配模型中纳入了融资约束，考察了融资约束对劳动收入份额的作用机制，发现企业面临的融资约束程度上升，会降低劳动者收入份额（第 2 章）。目前尚缺乏直接研究融资约束影响出口产品加成率的文献，本书基于加成率的视角，探讨融资约束对企业出口竞争新优势的影响，阐释了融资约束通过抑制企业生产率提升和质量升级影响多产品出口企业产品加成率的影响机制，同时剖析了融资约束影响核心产品和非核心产品加成率的差异化机制（第 5 章）。第 6 章从“生产率效应”和“要素替代效应”两个方面探讨了资源错配影响出口行为的机制，并进一步分析和考察了在这个影响过程中融资约束的调节效应机制。基于新新贸易理论框架，结合融资约束对资源配置的影响，从资源配置的视角考察融资约束影响出口的间接机制，认为要素分配效应和再配置效应在融资约束影响出口产品质量的过程中发挥了重要的中介渠道作用，实证检验也提供了支持性的证据（第 7 章）。

（2）测度指标及变量创新。区分内源融资和外源融资约束，采用不同指标以及复合指标衡量融资约束变量，如现金存量与总资产比率、固定资产与总资产的比率、流动资产与流动负债的比值、利息费用与总负债的比值、综合评分指标等，从多个层面反映企业的融资约束；对于资源错配，基于 Hsieh 和 Klenow（2009）的模型，在测度企业内资本、劳动力扭曲的基础上，综合考虑不同要素扭曲，构建反映企业内整体资源错配的指标（第 3 章）；基于边际分解将出口增长分解为数量边际、价格边际和扩展边际来反映我国制造业出口结构的变化（第 4 章）；借鉴 De Loecker 等（2016）的方法，克服产品层面要素投入不可观测的问题，测算了中国多产品出口企业的产品加成率来反映企业出口竞争优势（第 5 章）。

（3）实证模型和方法创新。在实证研究资源错配影响企业出口时，考虑到企业出口行为受制于自身条件的选择，简单地将非出口企业与出口企业等同对待将会造成有偏的估计，所以本书建立了 Heckman 两阶段选择模型，分别考察资源错配对我国企业出口选择及出口强度的影响（第 6 章）；结合融资约束影响多产品出口企业产品加成率的机制分析，构建中介效应模型，分别检验抑制生产率提升和质量升级是否为融资约束影响企业出口产品加成率的有效渠道（第 5 章）。此外，在实证过程中，结合不同研究问题，有针对性地进行稳健性检验和异质性分析，构建合适的工具变量（如第 5 章选用企业所在地区和行业中除该企业之外所有其他企业的融资约束均值作为其融资约束的工具变量），科学选择估计方法[如两阶段最小二乘法、IV-GMM（instrumental variable-generalized method of moments，工具变量-广义矩估计）方法等]进行内生性问题处理。

（4）研究框架和结论创新。已有研究主要限于考察融资约束或者资源错配对出口贸易的影响，本书则将融资约束、资源配置和出口贸易纳入同一研究框架，阐释融资约束、资源错配影响出口行为及出口质量的机制，并进行实证研究。研究发现，资源错配显著促进了企业的出口选择以及出口企业的出口强度，要素替代效应在资源错配影响出口行为中发挥了主导作用；在资源错配影响出口行为的过程中，融资约束具有重要的调节效应：随着融资约束水平降低，资源错配对出口选择的促进作用增强；融资约束对企业出口产品质量具有重要的影响，考虑融资约束变量的二次项后，发现以融资成本衡量的企业融资约束与出口产品质量表现为倒 U 型关系，考虑到资源配置效应，发现要素初次分配效应（劳动收入份额）和再配置效应（资源错配）是融资约束影响出口产品质量的两个有效的中介渠道。

第 2 章　融资约束影响劳动收入份额研究

2.1 引　　言

卡尔多事实指出各生产要素的收入在国民收入中的份额稳定不变，但是基于各国的经验研究却并不支持这一结论。研究发现各国的劳动收入份额至少在中期内不是稳定的，来自企业和国家层面的数据均反映出劳动收入份额呈现下降的趋势，且国家间要素收入份额存在显著的差异（Bentolila and Saint-Paul，2003；Azmat et al.，2012）。就我国而言，大部分研究认为 1995 年以后的十余年劳动收入份额持续下降已成为一个广为接受的事实（罗长远，2008；白重恩和钱震杰，2009a；罗长远和张军，2009；黄先海和徐圣，2009）①。根据我国各年度资金流量表数据，简单以劳动者报酬与国民收入的比值来衡量劳动收入份额，发现在 2000～2012 年劳动收入份额除个别年份出现波动外，整体呈下降趋势，2000 年劳动者报酬占国民收入比重高达 53.06%；到 2005 年该比值下降到 50.55%；2012 年该比值仅为 48.17%（图 2.1）。劳动收入份额的下降不仅会导致我国收入分配不均，个人收入差距扩大（白重恩和钱震杰，2009a），而且会造成我国居民收入占比下降，消费低迷，内需不振，从而不利于新常态阶段下我国经济增长方式的转变（汪伟等，2013），甚至可能进一步影响我国社会经济的和谐发展。改善收入分配格局，提高劳动收入份额对于我国需求、就业、贸易、经济增长都具有深远的影响（Daudey and García-Peñalosa，2007；李扬和殷剑峰，2007；白重恩和钱震杰，2009b）。因此，劳动收入份额的变化引起了学界和政府的广泛关注，一些研究考察了这一变化趋势的内在机制及其背后原因。

已有研究主要从以下几个方面探讨了劳动收入份额变化的原因：①国家或地区经济发展因素，如经济发展水平、产业结构等（白重恩和钱震杰，2009a）。②市场扭曲，包括：产品市场扭曲，如市场垄断（Giammarioli et al.，2002）；要素市场扭曲，如劳动力市场议价能力、资本市场融资扭曲等（Blanchard and Giavazzi，2003；Giammarioli et al.，2002）。③技术因素（Bentolila and Saint-Paul，2003；黄先海和

① 已有研究由于度量指标、数据选择的差异，劳动收入份额下降年份区间略有差异，但基本上都表明 1995 年以来我国劳动收入份额存在下降趋势。例如白重恩和钱震杰（2009a）采用 GDP 中劳动者报酬的相对份额来衡量，1995～2006 年劳动收入份额逐年下降；黄先海和徐圣（2009）采用国民经济各行业劳动收入占本行业增加值比重来衡量，发现在 1978～2006 年各行业的劳动收入比重存在明显的下降趋势。

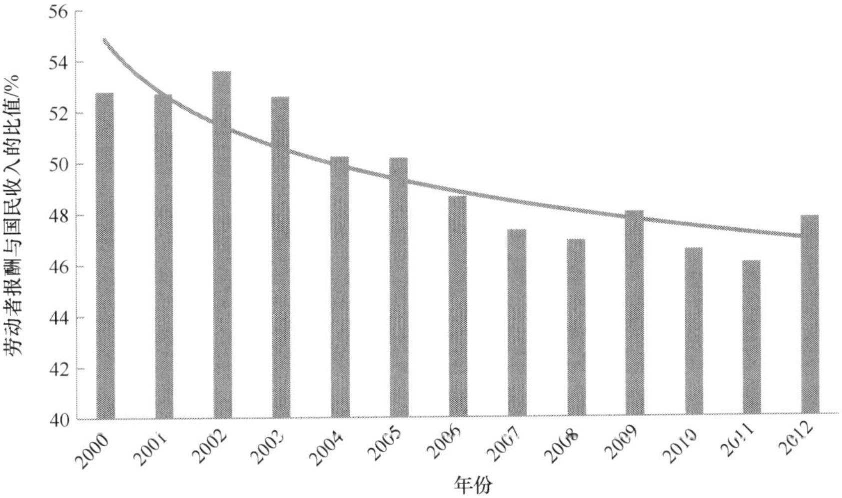

图 2.1　我国劳动收入份额的变化趋势图

劳动收入份额为各年资金流量表中劳动者报酬与国民收入的比值

徐圣，2009）。④其他因素，如经济主体间的国际联系程度、外生经济冲击、通货膨胀等（Lawless and Whelan，2011）。而在以上影响因素之外，一国的金融市场发展和融资环境显然也是影响要素收入分配的重要因素（罗长远和陈琳，2012）。金融发展不仅可以促进企业或部门技术研发投入的增加，提高生产效率，而且市场竞争的加剧也可能是金融发展的直接后果；进一步地，金融发展将促进资本聚集，导致企业劳动力雇佣需求下降，改变劳动力与资本的配置水平，引致要素市场扭曲，或者导致有偏的技术创新。

自 20 世纪 90 年代以来，我国金融体系虽然不断调整、日趋完备，但融资宽松度却是持续下降（Aziz and Cui，2007），尤其是在企业所有制方面存在偏向，私人企业融资困难，融资渠道不畅，融资环境并没有得到改善。因此，许多研究探讨了融资约束对于要素收入分配的影响（Neumeyer and Perri，2005；Aziz and Cui，2007）。从技术角度而言，融资约束极大程度地限制了企业生产率的提高（Savignac，2008；Mohnen et al.，2008），继而对劳动收入份额产生间接影响；从要素市场扭曲而言，资本市场的扭曲会导致信贷部门产生信贷歧视，对企业劳动收入份额产生有偏影响（Pagano and Pica，2012）。国内相关文献中，罗长远和陈琳（2012）使用联合国投资环境调查数据研究了融资约束对劳动收入份额的影响，发现在我国私人企业的负债资产比与劳动收入份额负相关；邵敏等（2013）基于相同数据库,研究发现我国企业的信贷约束对企业员工收入存在显著的负向影响，并将其影响归纳为“生产率”效应和“就业”效应。综观现有研究，多是从实证层面考察融资约束的影响，而从理论层面探讨融资约束影响要素初次分配的机制比较缺乏，最为相关的文献是汪伟等（2013），他们将融资约束引入中小企业决策方程，构建一般均衡模型，考察了融资约束影响我国劳动收入份额下降和低消费的过程，指出存在借贷约束的中小企业中，其劳动收入占比将低于没有借贷约束下的劳动收入占比，但其仅采用数值模拟检验模型的现实解释力，而数值模拟在很大程度上依赖于各种参数的主观设定，影响了模型评价的客观性；此外，现有相关实证文献除了缺乏对机制的探讨外，对企业融资约束代理变量的选择往往过于简单，如部分研究仅采用负债资产比作为约束的代理变量，忽略了企业因内、外部融资等差异化的融资方式所导致的融资约束的不同影响效应（Myers，1984）。本章将从理论和实证两个层面考察融资约束对于我国劳动收入份额的影响，首先在新古典要素分配模型中纳入融资约束，通过考察流动资本限制，分析融资约束对劳动收入份额的作用机制；其次，基于中国工业企业数据，区分内源融资和外源融资等，实证分析不同类别融资约束对劳动收入份额的影响。本章其余内容安排如下：第二部分为理论机制及模型分析，构建了包含融资约束的要素收入分配模型；第三部分是计量模型设定，包含数据处理及变量说明；第四部分为实证结果分析；第五部分为结论及政策启示。

2.2 理论机制及模型分析

本节主要基于流动资本的支付约束，探讨融资约束对劳动收入份额的影响机制。Neumeyer 和 Perri（2005）指出，企业生产过程需要向银行借入资本来雇佣劳动力，并将此定义为“流动资本”；他们认为在经济收缩期间，企业借贷减少进而收缩流动资本支出，企业因此减少劳动力需求，劳动者工资收入下降。Kabaca（2009）基于经典 RBC（real business cycles，真实经济周期）模型，改变工资支付设定，假设企业需提前对劳动者进行支付，建立劳动收入份额（laborshare）与借贷成本、利率的关系：$\text{laborshare}=(1-\alpha)/(1+\theta r)$，即劳动收入份额等于劳动的产出弹性$(1-\alpha)$与$1+\theta r$的比值，$\theta$代表工资中需要借贷的份额，$r$表示利率；工资中借贷比重（$\theta$）越高，劳动收入份额与利率的反向相关性就越强。但对我国而言，由于利率尚未完全市场化，Kabaca（2009）通过利率的变化幅度来反映“金融”对劳动收入份额的影响显然不适应（罗长远和陈琳，2012）。因此，寻找一个合适的变量作为金融替代指标就成为突破的重点。Aziz 和 Cui（2007）结合中国市场化情况，研究了融资宽松度对劳动收入份额的影响，具体表示为$\text{laborshare}=\dfrac{\theta\beta}{\gamma}\left[\dfrac{\gamma}{\beta}-(1-\delta)+\theta\right]$，其中$\theta$表示融资宽松度，采用流动资本与资本存量之比来衡量，β、δ、γ 分别表示贴现率、折旧率、技术进步系数。因此，当企业通过借贷形成的流动资本规模越大，θ 就越高，进而劳动收入份额将得到提升。罗长远和陈琳（2012）、汪伟等（2013）同样基于流动资本视角，强调融资约束对于劳动收入份额的影响：融资约束会影响企业对"流动资本"的支付，从而减少对劳动要素的利润分配；此外，当企业外部融资面临困难时，企业主要通过内部储蓄方式筹得运作资金，因此必然影响企业对于劳动者的利润分配。

本章基于新古典要素分配模型（白重恩等，2008），考虑企业的融资约束对流动资本支付的限制，进而研究对劳动收入份额的作用机制。假设一个行业 i 中有 n 家企业，每个企业仅生产一种产品；每个企业生产的基本要素投入是资本（K）和劳动力（L），行业 i 中企业 j 的产出采用要素投入的 CES（constant elasticity of substitution，固定替代弹性）生产函数形式，假设企业通过借贷筹措"流动资本"，进而完成对劳动报酬的支付；行业产出则同样通过各企业产出的 CES 函数复合得到。

假定行业 i 中企业 j 的产出表示为 Y_{jt}^i，则行业产出 Y_t^i 的表达式设定如下：

$$Y_t^i = \left(\sum_{j=1}^n Y_{jt}^{i\,\frac{\sigma-1}{\sigma}}\right)^{\frac{\sigma-1}{\sigma}} \tag{2.1}$$

其中，$\sigma>1$，σ表示行业 i 中各企业产品间的替代弹性，同时也是产品 j 的需求弹性，σ 越大意味着企业间产品可替代性越高，厂商的垄断能力越差。假设 p_{jt}^i 表示产品 j 的价格，p_t^i 为行业 i 的价格指数。对于单个厂商 j 而言，其面临的产品需求函数为

$$Y_{jt}^i = \left(\frac{p_{jt}^i}{p_t^i}\right)^{-\sigma} Y_t^i \tag{2.2}$$

根据前述假定，企业 CES 形式的生产函数可以表示如下：

$$Y_{jt}^i = \left[\alpha\left(A_t K_{jt}^i\right)^{\frac{\varepsilon-1}{\varepsilon}} + (1-\alpha)\left(B_t L_{jt}^i\right)^{\frac{\varepsilon-1}{\varepsilon}}\right]^{\frac{\varepsilon}{\varepsilon-1}} \tag{2.3}$$

其中，A_t 和 B_t 分别表示资本和劳动力投入技术效率；α 和 ε 分别表示行业 i 要素（资本和劳动力）分配参数和要素替代技术参数，这里假定在同一行业内所有企业的 α 和 ε 相同。

正如白重恩等（2008）指出的，国有企业不同于私营企业，除了利润最大化的要求，同时具备对产出规模的偏好。考虑这种差异性，企业目标函数设定为

$$\text{Max}\ \ \theta_{jt}^i p_{jt}^i Y_t^i + \left(1-\theta_{jt}^i\right)\left(p_{jt}^i Y_t^i - r_t K_{jt}^i - w_t L_{jt}^i\right) \tag{2.4}$$

其中，θ_{jt}^{i} 表示反映企业规模偏好的参数，$0 \leqslant \theta_{jt}^{i} \leqslant 1$；$r_t$ 和 w_t 分别表示资本和劳动力的单位价格，资本积累方程设定为 $K_{jt}^{i} = K_{jt-1}^{i} + I_{jt-1}^{i}$。而对于融资约束的刻画过程包括：其一，借鉴“流动资本”内涵，认为企业贷款需要用于支付运营成本（雇佣劳动力），或可表述为企业对于劳动力的支付资金全部来源于贷款；其二，对流动资本设定上限。借鉴汪伟等（2013）的做法，考虑企业在面临融资约束的假设下，其对于劳动力的支付需要小于最大贷款额度，而企业贷款上限的确定使用其资产的抵押上限为参照，刻画为企业上期固定资产的函数，因此针对目标函数（2.4），设定如下约束条件。

$$\text{s.t. } w_t L_{jt}^{i} \leqslant \phi\left(K_{jt-1}^{i}\right) \tag{2.5}$$

这里假设 $\phi\left(K_{jt-1}^{i}\right) = \tau K_{jt-1}^{i}$，$\tau$ 为正值且小于 1。为最优化目标函数，将式（2.2）和式（2.3）代入式（2.4），企业同时决定最优的价格和要素使用（劳动力和资本），可以得到价格选择函数为

$$p_{jt}^{i} = \frac{\sigma}{\sigma-1}\frac{w_t\left(1-\theta_{jt}+\lambda\right)}{(1-\alpha)B_t}\left(\frac{B_t L_{jt}^{i}}{Y_{jt}^{i}}\right)^{\frac{1}{\varepsilon}} \tag{2.6}$$

其中，λ表示信贷约束的拉格朗日乘数。此外，根据式（2.3），可以得到劳动收入份额（laborshare）如下：

$$\text{laborshare} = \frac{w_t L_{jt}^{i}}{p_{jt}^{i} Y_t^{i}} = \frac{\sigma-1}{\sigma\left(1-\theta_{jt}+\lambda\right)}\left[1-\alpha\left(\frac{A_t K_{jt-1}^{i}}{Y_{jt}^{i}}\right)^{\frac{\varepsilon-1}{\varepsilon}}\right] \tag{2.7}$$

根据式（2.7），当式（2.5）成立，即融资约束收紧，$\lambda > 0$，式（2.7）右边分母增大，进而降低劳动收入份额，也就是说，企业面临的融资约束越严重，越会挤出劳动者收入，降低劳动者收入份额，使得初次分配产生偏向。同时可以看到，影响劳动收入份额的因素还包括：加成率比的倒数 $\frac{\sigma-1}{\sigma}$、反映行业特征的参数变量 α 和 ε、规模偏好程度 θ_{jt}^{i}、资本产出比 $\frac{K_{jt-1}^{i}}{Y_{jt}^{i}}$ 等变量。需要注意的是，模型中融资约束更多反映的是企业用于支付流动资本时面临的约束；理论模型本身并没有考虑企业面临的外部融资环境，也就是说模型中假定融资环境是理想的，不存在任何类型的金融摩擦；但现实中可能存在由所有制、企业规模等各类因素导致的市场摩擦（Bernanke et al.，1999），从而造成一些具有优良财务指标的企业不能正常融资。

2.3　计量模型设定及变量说明

根据式（2.7），设立检验融资约束影响劳动收入份额的实证模型如下：

$$\mathrm{LS}_{jt} = \alpha_0 + \alpha_1 \mathrm{CS}_{jt} + \sum_{k=1}^{n} \beta_k \mathrm{Ctrl}_{j,t}^{k} + \gamma_s + \omega_i + \delta_t + \mu_{s,i,j,t} \tag{2.8}$$

其中，LS_{jt} 表示企业劳动收入份额；下标 j 表示企业；t 表示年份；CS_{jt} 表示企业融资约束指标，为核心解释变量；$\mathrm{Ctrl}_{j,t}^{k}$ 表示式（2.7）中涉及的其他控制变量，包含企业加成率（垄断能力）、资本产出比、企业属性变量（包含不同所有制企业出资份额及不同所有制性质的哑变量）以及企业的人均生产率变量等；γ 、ω 、δ 表示地区、行业和时间哑变量；s 和 i 分别表示地区和行业；$\mu_{s,i,j,t}$ 表示误差项。

选择中国工业企业层面数据作为研究样本，原始数据来源于 1998～2007 年中国工业企业数据库（包含规模以上企业信息，即全部国有和年主营业务收入 500 万元及以上的非国有企业法人）。数据涉及的企业信息包括从业人数、企业所处行业及地区信息以及企业的各种财务信息。其中，财务信息包含固定资产净值年平均余额、主营业务应付工资总额、本年应付福利费总额、本年折旧、营业利润、流动资产合计、资产总计、流动负债合计、所有者权益合计、负债合计、利润总额、产品销售收入、产品销售成本、企业实收资本构成等。在数据的处理过程中，遵循以下处理方式：首先，剔除与实际意义不符的企业样本，包括总资产小于流动资产、固定资产净值的样本，剔除累计折旧小于当期折旧的样本；其次，剔除利润率等相关信息小于 0.1%、大于 99%的样本；再次，剔除固定资产净值年平均余额、主营业务应付工资总额、本年应付福利费总额、本年折旧、营业利润、流动资产合计、资产总计、流动负债合计、所有者权益合计、负债合计小于零的异常值；最后，将数据转化为平衡面板，即选择样本期间内持续存在的企业。处理后得到 1998～2007 年（不含 2004 年[①]）35 280 个样本观测值，分布在 38 个二位码行业及 30 个地区。

被解释变量企业劳动收入份额采用劳动者收入在增加值中所占的比重来衡量，借鉴白重恩等（2008）的研究，劳动者收入采用应付工资与福利费总额之和计算得到，而增加值则采用劳动收入、营业利润和固定资产折旧之和得到[②]。解释变量中，关于融资约束指标，已有研究大致采用单一指标和复合指标两种方式。单一指标通常采用投资对现金流的敏感性程度、企业股权集中度等来衡量，如罗长远和陈琳（2012）采用负债资产比作为衡量融资约束的关键变量，但这仅能体

① 2004 年数据因重要指标缺失过多而整体去除。

② 营业利润和固定资产折旧之和被视为企业资本收入。

现企业所面临外部融资的部分特征，事实上我国企业实体投资中外源借款比重并不高，所以使用此指标对企业融资约束界定存在一定不足。Kaplan 和 Zingales（1997）使用现金流量、托宾 Q 值、负债率和股利支付等财务信息对衡量企业融资约束的定性分类指标进行回归构造企业融资约束程度值，阳佳余（2012）通过企业多方面的财务信息构建融资约束的综合评分框架。基于 2.2 节数理模型中提到的“流动资本”概念，一方面，采用现金存量与总资产比率（lr）来反映企业支付可变成本时所受到的资金约束，即企业的内源融资约束，该指标数值越大表明企业可随时支配的资金越充裕，其面临的融资约束越小，可用于对雇佣劳动力的支付水平就越高，这与“流动资本”含义也是相符合的；另一方面，采用固定资产与总资产的比率（nta）反映企业的外源融资可能性，其比值越大意味着企业进行外部融资的可能性越大（阳佳余，2012）。但该外源融资约束变量与理论模型设定的差别在于模型中并未考虑金融市场摩擦，也就是说外源融资能力往往只反映企业获取贷款的可能性，而现实中金融摩擦的存在降低了其可得性（汪伟等，2013）。因此，本章以 lr 为主要解释变量，更能准确地反映模型设定，同时以外源融资约束变量 nta 作为补充，全面体现我国金融市场环境的变化对于劳动收入份额的影响，需要说明的是金融摩擦是造成企业面临融资约束的一大因素，它的存在可能导致单纯的财务指标用于反映融资约束时出现不足。此外，在后文的稳健性检验中，进一步分别采用流动资产与流动负债比变量 catl 和融资约束综合评分指标 score 来替换融资约束变量进行估计。

由式（2.7）可知，影响劳动收入份额的因素除了融资约束，还包含$(\sigma-1)/\sigma$（加成率比的倒数）、α 和 ε（反映行业特征）、θ_{jt}（规模偏好程度）、K_{jt}/Y_{it}（资本产出比）等因素，因此，进一步纳入相关的控制变量：①企业加成率变量 mkup，采用（销售收入–销售成本）/销售收入来衡量，它在一定程度上反映了企业的垄断能力；②反映行业垄断程度的变量，采用 4 分位行业的赫芬达尔指数（hhi）和行业中前 10 位企业规模大小的集中度指数（cr10）作为代理变量；③资本产出比变量（ky），该变量对劳动收入份额的影响随着 ε 与 1 的大小关系的变化而变化，若 $\varepsilon>1$，则 ky 对劳动收入份额存在负向影响，若 $\varepsilon<1$ 则 ky 与劳动收入份额间可能存在正向关系。变量 ky 采用固定资产年均净额与要素成本法增加值之比来衡量。此外，引入行业及地区虚拟变量，来控制企业的外部特征；采用年份哑变量（δ_t）或者劳均生产率变量①（pp）来控制式（2.7）中 A 所反映的技术影响。根据式（2.4）的设定初衷，在实证过程中选用中国工业企业数据库中提供的国有和集体、法人、个人、外商资金实收比例（states、colls、corps、indis、fdis）或者相应主权归属性质的虚拟变量控制规模偏好程度 θ_{jt}。主要变量的描述性统计见表 2.1。

① 借鉴邵敏等（2013）做法，采用销售收入与劳动者数量的比值，这里进一步进行对数化处理。

表 2.1　主要变量的描述性统计

变量名	变量含义	观测值	均值	标准误	最小值	最大值
LS	劳动收入份额	35 280	0.439 6	0.210 9	0.006 2	0.982 3
lr	现金存量与总资产的比率	35 280	0.592 7	0.190 5	0.012 8	0.989 3
nta	固定资产与总资产的比率	35 280	0.340 5	0.180 2	0.010 6	0.981 7
catl	流动资产与流动负债比	35 280	1.804 3	4.419 3	0.036 9	341.300 0
score	融资约束综合评分	35 280	21.949 8	4.273 5	8.000 0	32.000 0
mkup	企业加成率	35 280	0.300 2	0.127 2	0.000 0	0.936 7
hhi	行业赫芬达尔指数	35 280	0.008 4	0.027 1	0.000 0	0.873 1
cr10	行业集中度指数	35 280	0.142 6	0.079 6	0.041 9	0.709 4
ky	资本产出比	35 280	1.846 0	1.915 1	0.011 8	88.812 9
pp	劳均生产率	35 280	5.442 8	1.050 2	–0.409 8	13.194 5
fdis	外商出资份额	35 280	0.112 0	0.263 4	0.000 0	1.000 0
states	国有资本份额	35 280	0.113 7	0.292 3	0.000 0	1.000 0
colls	集体资本份额	35 280	0.185 1	0.351 0	0.000 0	1.000 0
corps	法人资本份额	35 280	0.188 8	0.339 1	0.000 0	1.000 0
indis	个人资本份额	35 280	0.400 4	0.451 1	0.000 0	1.000 0

根据前述理论模型结果，融资约束增加会降低劳动收入份额，这里采用的融资约束变量值越大，融资约束越小，因此预计 α_1 的符号为正。此外，较强的企业垄断力，能够促进资本收入份额的提升，因此 mkup 的符号应为负；而人均生产率、资本产出比变量的回归系数符号依赖ε与 1 的大小关系，不能进行直观判断。

2.4　实证结果分析

2.4.1　基本回归结果分析

本章首先采用面板数据的固定效应和随机效应方法对式(2.8)进行实证分析，回归结果见表 2.2，其中列（1）～列（3）分别估计了融资约束变量 lr、nta 以及两者共同对劳动收入份额的影响；列（4）、列（5）分别在列（1）、列（2）估计的基础上增加了控制变量；列（6）、列（7）模型分别是对所有解释变量的随机效应和固定效应估计结果。此外，在控制变量的选择方面，所有权属性选用外商出资份额（fdis），这是因为根据前文外商出资比重的不同，发现劳动收入份额表现出极其不一致且具有特征的核密度图分布，而其他所有权属性的变量对于结果的不同影响将在具体分析时进行说明。

表 2.2　融资约束影响劳动收入份额的基本实证结果

解释变量	（1） Fe	（2） Fe	（3） Fe	（4） Fe	（5） Fe	（6） Re	（7） Fe
lr	0.054 2*** （0.006 2）		0.043 1*** （0.009 5）	0.080 9*** （0.005 8）		0.042 9*** （0.008 4）	0.034 7*** （0.008 6）
nta		−0.050 9*** （0.006 6）	−0.015 6 （0.010 2）		−0.096 1*** （0.006 3）	−0.074 6*** （0.009 1）	−0.068 2*** （0.009 4）
mkup				−0.571*** （0.010 5）	−0.573*** （0.010 5）	−0.549*** （0.009 2）	−0.572*** （0.010 5）
ky				0.009 1*** （0.000 5）	0.009 7*** （0.000 5）	0.008 3*** （0.000 5）	0.009 8*** （0.000 5）
pp				−0.057 4*** （0.001 0）	−0.057 5*** （0.001 0）	−0.071 9*** （0.000 9）	−0.057 4*** （0.001 0）
fdis				−0.011 9 （0.008 2）	−0.011 9 （0.008 2）	−0.036 4*** （0.005 6）	−0.012 1 （0.008 2）
常数项	11.17*** （0.495）	11.57*** （0.503）	11.33*** （0.506）	1.235** （0.500）	2.016*** （0.504）	−1.515*** （0.488）	1.941*** （0.513）
地区	控制	控制	控制	控制	控制	控制	控制
行业	控制	控制	控制	控制	控制	控制	控制
时间	控制	控制	控制	控制	控制	控制	控制
样本容量	35 280	35 280	35 280	35 280	35 280	35 280	35 280
R^2	0.024	0.023	0.024	0.193	0.194	0.187	0.195
企业数目	3 920	3 920	3 920	3 920	3 920	3 920	3 920

注：表中括号内的数值为相应估计系数的标准误

Fe 表示固定效应，Re 表示随机效应

***、**分别表示在 1%、5%的显著性水平上显著不为 0

内源融资约束收紧表明企业支付流动性成本的能力不足，将显著地抑制劳动收入份额的提升。根据表 2.2，内源融资约束变量 lr 对于劳动收入份额的影响显著为正且一直稳健，即内源融资约束越大（即 lr 值越小），劳动收入份额越小，因此企业“流动资本”的限制是影响劳动者收入比重提高的重要因素。一方面劳动力雇佣减少，导致收入总份额下降；另一方面，在应对融资困难的过程中，大量中小（民营）企业被迫通过利润留存方式促进内源融资，减少了对居民部门的利润分配，进而可能降低了家庭劳动收入的份额（汪伟等，2013）。

外源融资约束变量 nta 具有显著负的回归系数，也就是说外源融资条件的改善（nta 越高）并没有促进劳动收入份额的提升，反而在一定程度上抑制了劳动收入份额增加。这一结论从表面上看与前文模型结果似乎并不一致。究其原因，一方面，正如前文以及已有研究所阐述的，在信用过程中存在各种类型的金融摩擦，从而使得企业外源融资约束指标并不能真正反映其获取流动资本的多少；另一方面，从财务关系上来看，企业可用于抵押借贷的固定资产越多，越会造成对企业流动资本的挤占，从而影响对劳动雇佣的支付能力，进而降低劳动收入份额。汪伟等（2013）研究指出，随着经济市场化程度不断加深，我国私营企业市场份额不断上升，但与私营企业快速发展不匹配的是金融市场发展滞后，大量融资需求不能得到满足；而滞后的银行中介更加青睐于国有企业，导致了民营企业特别是中小民营企业面临信贷约束的收紧，因此整体而言大量的企业融资形式被迫成为以利润、现金留存等形式而进行的内部融资（Song et al.，2011）。根据《中国统计年鉴》中的企业固定资产投资来源的数据，企业投资中自筹资金和其他资金占比从 1998 年的 67.4%上升到 2007 年的 77.4%（图 2.2）；而国内贷款比重却呈明显下降趋势，从 1998 年的 19.3%下降至 2007 年的 15.3%，因此在融资约束对劳动收入份额的影响中，内源性资本似乎发挥着更关键的作用；另外，外源融资约束的宽松，可能使得企业能够获取的资本增加，更易促使企业生产率提高进而减少劳动使用，从而降低劳动收入份额。

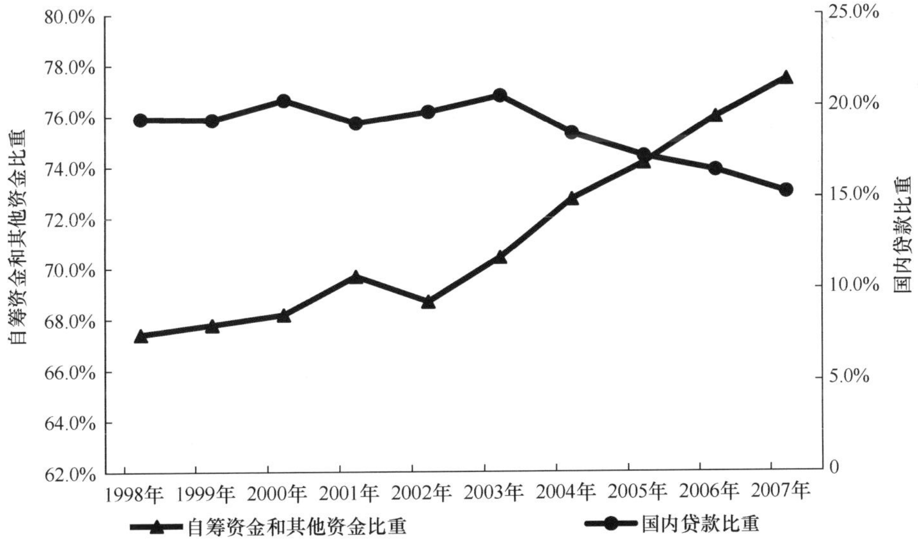

图 2.2　样本期间我国企业固定资产投资来源的比重变化

资料来源：各年度《中国统计年鉴》

资本产出比与劳动收入份额正相关。资本产出比变量 ky 的回归系数显著为正，表明企业资本深化有利于提高劳动收入份额，也从侧面反映了样本期间我国工业企业生产中劳动和资本之间可能存在互补关系；企业资本深化通过提高要素配比、影响要素间相对价格变化等渠道，促进劳动收入份额增加，但同时较小的回归系数说明这种影响作用较弱。该结论总体上与白重恩等（2008）、罗长远和张军（2009）的研究结论一致，在白重恩等（2008）的研究中，资本产出比对于被解释变量资本收入份额的回归系数在很大程度上为负，考虑到资本收入份额与劳动收入份额之间的关系，表明资本产出比对劳动收入份额也存在正向影响；罗长远和张军（2009）采用我国省级面板数据进行实证分析，也发现资本产出比对于劳动收入占比具有显著正的作用。

劳均生产率的回归系数显著为负，劳均生产率的提高降低了劳动收入份额。邵敏等（2013）实证结果表明企业人均生产率的提高有助于员工工资的提升，并提出信贷约束对企业存在“生产率效应”，即信贷约束会降低企业劳动生产率，进而抑制企业员工收入提高。事实上，邵敏等（2013）研究中被解释变量为人均收入，而本章采用的是劳动收入占增加值比重，正如方军雄（2011）所指出的，劳动收入比重整体的下降并不意味着企业各群体员工收入的一致下降，虽然人均生产率提高一方面会提高员工收入，但另一方面，可能在一定程度上促使企业减少劳动雇佣，节约生产成本，从而造成劳动收入份额下降。

2.4.2　区分企业所有制类型的分样本回归分析

研究认为中国私营企业融资约束与劳动收入份额负相关，而国有企业和外资企业并不存在类似结论（罗长远和陈琳，2012）。因此，本章进一步按照企业所有制类型将所有企业样本区分为国有控股和非国有控股企业，考察对于不同所有制类型的企业，融资约束影响劳动收入份额的差异，结果见表 2.3。

表 2.3　不同所有制企业的融资约束影响劳动收入份额的回归结果

解释变量	（1）	（2）	（3）	（4）	（5）	（6）
	非国有控股企业			国有控股企业		
lr	0.086 6*** （0.006 4）		0.037 4*** （0.009 4）	0.023 3 （0.014 9）		−0.005 8 （0.022 0）
nta		−0.104*** （0.007 0）	−0.074 0*** （0.010 4）		−0.036 0** （0.015 2）	−0.040 4* （0.022 6）
mkup	−0.621*** （0.012 0）	−0.623*** （0.012 0）	−0.621*** （0.012 0）	−0.429*** （0.021 2）	−0.429*** （0.021 2）	−0.429*** （0.021 2）
ky	0.008 2*** （0.000 7）	0.009 0*** （0.000 7）	0.009 1*** （0.000 7）	0.010 0*** （0.000 8）	0.010 2*** （0.000 8）	0.010 2*** （0.000 8）

续表

解释变量	（1）	（2）	（3）	（4）	（5）	（6）
	非国有控股企业			国有控股企业		
pp	–0.064 4*** （0.001 1）	–0.064 5*** （0.001 1）	–0.064 4*** （0.001 1）	–0.034 1*** （0.002 0）	–0.034 1*** （0.002 0）	–0.034 1*** （0.002 0）
fdis	0.000 1 （0.008 8）	0.000 1 （0.008 8）	5.16×10^{-5} （0.008 8）	–0.087 5*** （0.020 9）	–0.087 9*** （0.020 9）	–0.087 9*** （0.020 9）
常数项	0.307 （0.560）	1.175** （0.564）	0.959* （0.567）	4.276*** （1.108）	4.541*** （1.116）	4.564*** （1.119）
行业	控制	控制	控制	控制	控制	控制
地区	控制	控制	控制	控制	控制	控制
时间	控制	控制	控制	控制	控制	控制
样本容量	28 782	28 782	28 782	6 498	6 498	6 498
R^2	0.208	0.209	0.210	0.170	0.170	0.170
企业数	3 198	3 198	3 198	722	722	722

注：表中括号内的数值为相应估计系数的标准误

***、**、*分别表示在 1%、5%、10%的显著性水平上显著不为 0

根据表 2.3，可以发现，对于非国有控股企业样本，内源融资约束变量 lr 的回归系数显著为正，即内源融资约束对劳动收入份额的抑制程度较高，而在国有控股企业中内源融资约束的回归系数不再显著，这在一定程度上表明国有企业中“流动资本”对于劳动收入份额的影响有限；外源融资约束变量，在分组样本回归中 nta 回归系数都显著为负，无论是国有控股企业还是非国有控股企业，以 nta 表示的外源融资约束与劳动收入份额负相关。除外商资本份额外，mkup、ky、pp 在分样本回归中结果与总体样本回归结果一致。mkup、pp 在非国有企业样本中回归系数绝对值更大，这在一定程度上说明国有控股企业发展过程中可能受体制影响更大，造成各种市场因素对劳动收入份额的影响程度降低。而对于外商出资份额变量在全样本回归模型中（表 2.2），其回归系数为负，但并不稳健地显著，这与罗长远和陈琳（2012）的研究结论一致；但是，在区分企业所有制类型的分样本回归中，国有控股企业中外商出资比例的回归系数显著为负，在非国有企业样本中其回归系数为正却不显著，表明在国有控股企业中随着外商资本增加，劳动收入份额将显著下降。

进一步纳入国有资本份额、集体资本份额、法人资本份额、个人资本份额变量，采用固定效应模型进行实证检验，观察不同所有制出资比率对于企业劳动收入份额的影响及其对应的融资约束效应（结果见表 2.4）。结果显示，内源融资约束变量的回归系数均显著为正，其他变量如 mkup、ky 和 pp 等的回归系数符号与前文回归一致；表 2.4 中模型（2）和模型（3）显示，国有和集体资本的份额回归系数显著为正，说明公有属性的加强可以促进劳动收入份额的提高；外商资本份额和法人资本份额的回归系数不显著，而个人资本份额变量的回归系数则显著为负，个人出资比例的提高对劳动收入份额的提升具有抑制作用。另外，根据交叉项结果，随着国有资本份额提升，外源融资约束代理变量对劳动收入的影响在逐渐减弱，内源融资约束 lr 对劳动收入份额影响并无明显变化；虽然外商资本对劳动收入份额的抑制作用不显著，但外商资本份额的升高将加强内源和外源融资约束对劳动收入份额的作用，随着外商资本份额的提高，内源融资约束变量 lr 对劳动收入份额的抑制作用将进一步加强。

表 2.4　不同性质出资比重条件下融资约束与劳动收入份额的回归结果

解释变量	（1）	（2）	（3）	（4）	（5）	（6）	（7）
lr	0.034 7*** （0.008 6）	0.032 7*** （0.008 6）	0.034 0*** （0.008 6）	0.034 6*** （0.008 6）	0.032 9*** （0.008 6）	0.030 6*** （0.008 8）	0.033 2*** （0.009 7）
nta	−0.068 2*** （0.009 4）	−0.069 6*** （0.009 4）	−0.067 8*** （0.009 4）	−0.068 1*** （0.009 4）	−0.068 7*** （0.009 4）	−0.076 9*** （0.009 7）	−0.061 9*** （0.010 5）
mkup	−0.572*** （0.010 5）	−0.573*** （0.010 5）	−0.573*** （0.010 5）	−0.572*** （0.010 5）	−0.574*** （0.010 5）	−0.574*** （0.010 5）	−0.568*** （0.010 9）
ky	0.009 8*** （0.000 5）	0.009 6*** （0.000 5）	0.009 8*** （0.000 5）	0.009 8*** （0.000 5）	0.009 7*** （0.000 5）	0.009 6*** （0.000 5）	0.009 8*** （0.000 6）
pp	−0.057 4*** （0.001 0）	−0.057 2*** （0.001 0）	−0.057 3*** （0.001 0）	−0.057 4*** （0.001 0）	−0.057 2*** （0.001 0）	−0.057 1*** （0.001 0）	−0.062 0*** （0.001 1）
fdis	−0.012 1 （0.008 2）						−0.025 2 （0.016 5）
states		0.033 8*** （0.004 6）				0.022 7*** （0.005 1）	
colls			0.011 0*** （0.002 8）				
corps				0.000 8 （0.002 5）			
indis					−0.015 8*** （0.002 3）		
lr×states						0.005 4 （0.004 9）	
nta×states						0.026 7*** （0.007 7）	
lr×fdis							0.051 9** （0.021 1）

续表

解释变量	（1）	（2）	（3）	（4）	（5）	（6）	（7）
nta×fdis							−0.016 3*** （0.005 5）
常数项	1.941*** （0.513）	1.526*** （0.515）	1.509*** （0.524）	1.967*** （0.514）	1.365*** （0.519）	1.017* （0.528）	2.167*** （0.516）
地区	控制	控制	控制	控制	控制	控制	控制
行业	控制	控制	控制	控制	控制	控制	控制
时间	控制	控制	控制	控制	控制	控制	控制
样本容量	35 280	35 280	35 280	35 280	35 280	35 280	35 280
R^2	0.195	0.196	0.195	0.195	0.196	0.197	0.195
企业数目	3 920	3 920	3 920	3 920	3 920	3 920	3 920

注：表中括号内的数值为相应估计系数的标准误

***、**、*分别表示在 1%、5%、10%的显著性水平上显著不为 0

2.4.3　区分企业垄断能力的分样本回归分析

根据表 2.2，随着 mkup 值增大，企业的劳动收入份额会下降，这与理论模型结论一致。而加成率 mkup 在一定程度上体现了企业市场垄断能力的高低，因此这里进一步探究不同垄断能力的企业融资约束是否具有差异化的影响。首先，在原实证模型中加入融资约束与 mkup 变量的交互项；其次，依据垄断能力不同，将所有企业样本按照其加成率 mkup 是否大于均值 0.3 划分为低垄断能力组和高垄断能力组，统一采用固定效应模型进行估计，以观察融资约束的影响效应。回归结果见表 2.5。

表 2.5　不同垄断能力下融资约束与企业劳动收入份额的回归结果

解释变量	（1）	（2）	（3）	（4）	（5）	（6）	（7）	（8）	（9）
	全样本	全样本	全样本	mkup<0.3	mkup>0.3	mkup<0.3	mkup>0.3	mkup<0.3	mkup>0.3
lr	0.126*** （0.009 0）		0.056 8*** （0.015 0）	0.083 0*** （0.006 2）	0.057 8*** （0.016 4）			0.035 6*** （0.009 3）	0.012 0 （0.023 2）
lr×mkup	−0.234*** （0.035 8）		−0.115* （0.060 3）						
nta		−0.143*** （0.009 6）	−0.094 6*** （0.016 0）			−0.098 2*** （0.006 8）	−0.080 5*** （0.018 0）	−0.069 3*** （0.010 2）	−0.071 2*** （0.025 4）
nta×mkup		0.246*** （0.038 4）	0.144** （0.064 6）						

续表

解释变量	(1)	(2)	(3)	(4)	(5)	(6)	(7)	(8)	(9)
	全样本	全样本	全样本	mkup<0.3	mkup>0.3	mkup<0.3	mkup>0.3	mkup<0.3	mkup>0.3
mkup	−0.433*** (0.023 7)	−0.656*** (0.016 7)	−0.553*** (0.055 9)	−0.620*** (0.012 6)	−0.439*** (0.020 9)	−0.624*** (0.012 6)	−0.437*** (0.020 9)	−0.622*** (0.012 6)	−0.438*** (0.020 9)
ky	0.009 1*** (0.000 5)	0.009 6*** (0.000 5)	0.009 7*** (0.000 5)	0.008 9*** (0.000 6)	0.011 1*** (0.001 6)	0.009 5*** (0.000 6)	0.012 0*** (0.001 7)	0.009 6*** (0.000 6)	0.012 0*** (0.001 7)
pp	−0.057 5*** (0.001 0)	−0.057 6*** (0.001 0)	−0.057 5*** (0.001 0)	−0.057 8*** (0.001 1)	−0.056 0*** (0.002 9)	−0.057 9*** (0.001 1)	−0.055 9*** (0.002 9)	−0.057 9*** (0.001 1)	−0.055 8*** (0.002 9)
fdis	−0.011 6 (0.008 2)	−0.011 5 (0.008 2)	−0.011 7 (0.008 2)	−0.019 8** (0.008 7)	0.024 6 (0.023 9)	−0.019 2** (0.008 7)	0.020 6 (0.023 9)	−0.019 5** (0.008 7)	0.020 9 (0.023 9)
常数项	1.243** (0.506)	2.111*** (0.510)	1.864*** (0.513)	1.854*** (0.544)	2.741** (1.356)	2.691*** (0.548)	3.245** (1.364)	2.471*** (0.551)	3.224** (1.365)
行业	控制	控制	控制	控制	控制	控制	控制	控制	控制
地区	控制	控制	控制	控制	控制	控制	控制	控制	控制
时间	控制	控制	控制	控制	控制	控制	控制	控制	控制
样本容量	35 280	35 280	35 280	30 474	4 806	30 474	4 806	30 474	4 806
R^2	0.195	0.195	0.196	0.185	0.270	0.186	0.272	0.186	0.272
企业数目	3 920	3 920	3 920	3 386	534	3 386	534	3 386	534

注：表中括号内的数值为相应估计系数的标准误

***、**、*分别表示在 1%、5%、10%的显著性水平上显著不为 0

根据表 2.5，交互项 lr×mkup 与 nta×mkup 的回归系数符号分别与 lr 和 nta 的回归系数符号相反，也就是说融资约束变量 lr 和 nta 对收入份额的影响程度随着企业垄断能力的上升而下降。相一致的是，在依据企业垄断能力分组回归结果中[模型（4）～模型（9）]，相对于垄断能力高的企业，垄断能力低的企业其融资约束对劳动收入份额的影响更大；此外，垄断能力较大的企业样本组中，变量 mkup 回归系数的绝对值均相应减少，揭示了企业垄断能力对劳动收入份额的影响或许存在类似边际递减的效应。值得关注的是，在具备不同垄断能力的企业中，外商出资份额的影响效应具有明显差异，对于高垄断能力企业组，外商资本份额的回归系数为正，但不显著；而对于低垄断能力的企业而言，外商资本份额回归系数显著为负，表明外商资本份额对劳动收入份额的抑制作用更多体现在弱垄断能力企业中，这也在一定程度上解释了为何外商资本份额变量在全样本回归中系数并不显著。

2.4.4 进一步的稳健性检验

虽然 2.4.1～2.4.3 节实证研究使用固定效应模型，在一定程度上能够降低由于遗漏变量而可能产生的估计偏误，而且各组回归结果在结论上表现出了一致性，但却忽略了模型中可能存在的内生性问题。一方面，融资约束变量 lr 和 nta 可能是内生的，劳动收入份额高的企业可能压缩其利润留存及现金流，或者改变固定资产比重进而促使企业套取资金，从而影响企业融资约束；另一当面，资本产出比（ky）可能是内生的，因为在较高的资本收入份额条件下，企业具备较高的利润留存或较为可观的盈利能力，迫于利润的角逐，企业资本产出比会随之增加（Caballero，1999；白重恩等，2008），而同时资本收入份额与劳动收入份额线性相关，因此资本产出比与劳动收入份额间可能存在反向因果关系。因此，选用变量 ky、lr、nta 变量的滞后 1 阶形式作为其自身的代理工具变量，采用 IV-GMM 方法进行实证，并给出了内生变量存在性检验及相应的弱工具变量检验，结果见表 2.6。研究表明，在考虑到模型的内生性问题后采用 IV-GMM 方法进行估计，总体上回归结果与前文研究一致，进一步证实了前述结论的稳健和可靠性；略微不同的是，外商资本份额变量的回归系数依然为负，但其显著性水平提高；内源融资约束变量在全样本模型中与企业的垄断能力（mkup）交叉项的回归系数不再显著，这很大程度上是受到国有企业样本的影响，更加证实了关于国有企业投资需求并不依赖于内源融资的结论。

表 2.6　考虑内生性问题的 IV-GMM 估计结果

解释变量	（1）	（2）	（3）	（4）	（5）	（6）	（7）	（8）
	全样本	全样本	全样本	国有控股企业	非国有控股企业	全样本	全样本	全样本
lr	0.163*** （0.008 1）		0.041 6** （0.017 2）	−0.002 7 （0.036 2）	0.051 9*** （0.019 3）	0.075 2 （0.049 7）	0.049 8*** （0.017 2）	0.030 8* （0.017 8）
nta		−0.189*** （0.008 1）	−0.152*** （0.018 1）	−0.154*** （0.036 7）	−0.154*** （0.020 2）	−0.235*** （0.051 6）	−0.192*** （0.018 6）	−0.155*** （0.018 1）
ky	0.004 0*** （0.000 9）	0.004 8*** （0.000 8）	0.005 1*** （0.000 8）	0.002 7** （0.001 3）	0.001 8 （0.001 3）	0.003 99*** （0.000 8）	0.002 4*** （0.000 9）	0.005 1*** （0.000 8）
mkup	−0.521*** （0.009 1）	−0.532*** （0.009 1）	−0.529*** （0.009 2）	−0.413*** （0.018 1）	−0.605*** （0.011 2）	−0.562*** （0.161 0）	−0.566*** （0.009 1）	−0.528*** （0.009 2）
pp	−0.106*** （0.001 5）	−0.107*** （0.001 5）	−0.107*** （0.001 5）	−0.080 2*** （0.003 1）	−0.114*** （0.001 5）	−0.107*** （0.001 5）	−0.108*** （0.001 4）	−0.106*** （0.001 5）
fdis	−0.040 1*** （0.003 9）	−0.037 5*** （0.003 9）	−0.038 0*** （0.003 9）	−0.144*** （0.015 4）	−0.012 2*** （0.004 1）	−0.037 2*** （0.003 9）		−0.065 4*** （0.014 5）
states							0.111*** （0.004 8）	
lr×mkup						−0.185 （0.172）		

续表

解释变量	(1)	(2)	(3)	(4)	(5)	(6)	(7)	(8)
	全样本	全样本	全样本	国有控股企业	非国有控股企业	全样本	全样本	全样本
nta×mkup						0.428** (0.179)		
lr×soe							−0.066 1*** (0.006 1)	
nta×soe							0.080 5*** (0.010 0)	
lr×fdi								0.068 2*** (0.021 2)
nta×fdi								−0.011 9*** (0.004 3)
常数项	−11.36*** (0.751)	−10.05*** (0.751)	−10.32*** (0.759)	−4.327** (1.764)	−10.88*** (0.817)	−10.28*** (0.772)	−10.76*** (0.756)	−10.06*** (0.763)
行业	控制	控制	控制	控制	控制	控制	控制	控制
地区	控制	控制	控制	控制	控制	控制	控制	控制
时间	控制	控制	控制	控制	控制	控制	控制	控制
样本容量	27 440	27 440	27 440	5 054	22 386	27 440	27 440	27 440
R^2	0.434	0.435	0.436	0.411	0.478	0.434	0.449	0.437
D-W-H 内生性检验	102.123***	108.252***	105.248***	105.413***	103.214***	107.089***	102.127***	134.930***
弱工具变量检验	97.953	96.314	1159.635	267.481	126.571	222.935	1 131.783	1 134.010

注：表中括号内的数值为相应估计系数的标准误；D-W-H 内生性检验采用异方差稳健的 Hausman 检验，原假设为所有解释变量均为外生变量，表中给出的是相应检验的卡方统计量值。弱工具变量检验采用的是最小特征值检验，如果最小特征值>10，即可认为应拒绝“弱工具变量”的原假设，表中给出的是相应最小特征值统计量，以下同

***、**、*分别表示在 1%、5%、10%的显著性水平上显著不为 0

进一步替换部分关键变量进行实证分析，这里分别采用流动资产与流动负债比变量 catl 和融资约束综合评分指标 score 来衡量企业融资约束，使用 IV-GMM 方法进行估计，结果见表 2.7。变量 catl 为外源融资约束指标，其值越高，代表企业债务清偿能力越强，也就越有能力进行外源融资；变量 score 的构建借鉴 Cleary（1999）和阳佳余（2012）的评分指标，选取了流动现金与资产合计比、应收账款与总资产比、流动资产与流动负债比、有形资产与总资产比、企业所有者权益与

总负债比以及资产收益率和净利率等 7 个变量为基础指标，这些指标的共同特点是，值越大，反映企业的融资环境越好；然后分别依据每个指标值的大小，在二位码行业中将企业由高到低排序，排名在前 20%的得分为 5 分，排名在 20%～40%的得分 4 分，以此类推，排在后 20%的企业得分 1 分，再依据每项指标的得分构造整体评分指标。表 2.7 中模型（1）使用变量 catl 替代了 nta；catl 的回归系数与 nta 的回归结果一致，外源融资约束越强企业劳动收入份额反而越高。模型（2）使用融资约束综合评分指标 score，结果发现，融资约束综合评分指标的回归系数同外源融资变量 nta 和 catl 的结论相一致。表 2.7 中模型（3）、模型（4）、模型（5）均是将企业垄断能力指标替换为行业垄断性程度指标后的回归结果，即将企业加成率替换为行业赫芬达尔指数和行业集中度指数。观察企业所处行业的赫芬达尔指数（hhi）与集中度指数（cr10），发现企业所处行业的垄断程度越高，企业的劳动收入份额反而可能越高，这与表示企业自身垄断能力的指标 mkup 的影响相反，原因可能在于，这里使用加成率变量 mkup 来反映企业的市场势力，其更多体现的是企业自身的市场议价能力的强弱，并不能直接反映其所在行业的垄断程度的高低。

表 2.7　替换关键变量的稳健性回归分析

解释变量	（1）	（2）	（3）	（4）	（5）
lr	0.171*** （0.008 4）		0.128*** （0.018 3）	0.127*** （0.018 3）	0.041 5** （0.017 2）
catl	–0.008 6*** （0.001 2）				
nta			–0.084 5*** （0.019 3）	–0.084 6*** （0.019 3）	
score		–0.019 4*** （0.000 5）			
ky	0.003 5*** （0.000 9）	–0.016 7*** （0.003 3）	0.006 7*** （0.001 0）	0.006 7*** （0.001 0）	0.005 1*** （0.000 8）
mkup	–0.509*** （0.009 6）	–0.334*** （0.009 3）			–0.152*** （0.018 1）
hhi			0.072 3 （0.044 3）		0.090 3** （0.042 2）
cr10				0.060 1* （0.035 4）	0.099 9*** （0.034 5）
pp	–0.105*** （0.001 5）	–0.0940*** （0.001 3）	–0.101*** （0.001 4）	–0.100*** （0.001 4）	–0.107*** （0.001 5）

续表

解释变量	（1）	（2）	（3）	（4）	（5）
fdis	−0.029 0*** （0.004 4）	0.002 4 （0.003 8）	−0.019 2*** （0.004 8）	−0.061 7*** （0.004 3）	−0.038 1*** （0.003 9）
常数项	−11.80*** （0.758）	−9.296*** （0.797）	−13.49*** （0.812）	−13.74*** （0.836）	−11.11*** （0.784）
行业	控制	控制	控制	控制	控制
地区	控制	控制	控制	控制	控制
时间	控制	控制	控制	控制	控制
样本容量	27 440	27 440	27 440	27 440	27 440
R-squared	0.419	0.520	0.359	0.359	0.436
D-W-H 内生性检验	125.493***	42.961***	123.047***	122.942***	106.081***
弱工具变量检验	470.436	143.597	1 186.097	1 186.931	1 159.156

注：表中括号内的数值为相应估计系数的标准误

***、**、*分别表示在 1%、5%、10%的显著性水平上显著不为 0

2.5 本章小结

本章基于流动资本的视角，在新古典要素分配模型中引入企业融资约束，探讨了融资约束对劳动收入份额的影响；进一步在理论分析的基础上，采用我国工业企业数据进行实证研究及稳健性分析。结果表明，内源融资约束对劳动收入份额存在显著的负向影响，因此，如果企业支付流动性成本能力不足，将显著抑制劳动收入份额的提升；内源融资约束变量在非国有控股企业中其回归系数显著为正，对劳动收入份额的抑制程度较高，而在国有控股企业中内源融资约束变量回归系数不显著且其绝对值大小都有所下降，这在一定程度上表明国有企业中“流动资本”限制劳动收入份额提高的作用有限。但是，外源融资条件的改善不仅未能提升劳动收入份额，反而压低了劳动收入份额。企业垄断能力对劳动收入份额存在显著的抑制作用，融资约束代理指标对收入份额的影响效应的绝对值是随着企业垄断能力的上升而下降的；另外，企业所处行业的垄断程度越高，其劳动收入份额可能越高；资本产出比与劳动收入份额正相关，企业资本深化有助于提升员工福利；企业劳均生产率的提升在总体上不利于其自身劳动收入份额的提高；国有和集体资本的份额可以显著提高劳动收入份额，个人和外商资本对劳动收入份额的提升具有抑制作用，随着企业外商出资比重的提升，外源融资约束对我国企业劳动收入份额的影响将更加强烈。

本章研究具有如下政策含义。一方面，金融约束对劳动收入份额存在显著影响，但应该注意区分企业不同类型的融资约束，有差别有针对性地进行改革。研究发现外源融资约束与劳动收入份额存在正向关系，最可能的原因还是企业外源融资渠道不畅通，导致外源融资约束改善条件下，企业“流动资本”所受挤占程度的改变，压低了企业劳动收入份额。概括而言，应优化企业所处的金融生态环境，推进金融部门的市场化改革，充分发挥市场配置资源的作用，增加企业流动资本存量，促进劳动收入份额提升。另一方面，企业垄断能力、企业所有制属性等都是影响融资约束作用于劳动收入份额的关键因素，应该注意到促进劳动收入份额提升是一个系统工程，在重视企业融资环境优化的同时，还应加速推进国有企业和金融市场改革，规范行业管理，完善行业公平竞争机制等。

第 3 章　融资约束影响资源错配研究

3.1　引　　言

我国经济发展进入新常态，面临供给侧结构性改革。为实现经济转型，构建经济发展新格局，需要更加重视通过要素资源的重新优化配置培育经济增长新动能，实现经济增长动力转换，从而为经济的持续健康、高质量发展奠定基础（邓郁松，2017）。自 Hsieh 和 Klenow（2009）研究指出中国相对严重的要素错配问题以来，越来越多的学者对资源错配的经济效应及影响因素展开了研究。关于资源错配的经济效应，研究者考察了资源错配是否显著影响了全要素生产率以及其造成了多大程度的增长损失。涂正革和肖耿（2005）基于随机前沿生产模型测度了企业全要素生产率增长，并将其分解为前沿技术进步、相对前沿技术效率的变化、配置效率和规模经济四大因素，发现企业生产投入要素的配置效率对全要素生产率增长影响几乎没有贡献；但聂辉华和贾瑞雪（2011）研究指出资源错配是导致企业生产率不高的重要原因。曹玉书和楼东玮（2012）发现资源的错误配置既影响了产出总量的短期值，同时也影响了长期内的生产前沿，如果消除所有年份的资源错配，则我国的 GDP 增长率平均每年可提高 0.9%。龚关和胡关亮（2013）突破了 Hsieh 和 Klenow（2009）的规模报酬不变假设，并采用半参数回归方法估算了生产函数中要素投入的产出弹性，研究发现如果我国资本和劳动力要素均得到有效配置，1998 年我国的制造业全要素生产率将提高 57.1%，2007 年的全要素生产率可以提高 30.1%。杨振和陈甬军（2013）基于 Petrin 和 Sivadasan（2006）的分析框架，对我国制造业的劳动扭曲进行了测度，指出制造业整体劳动力效率的提高将会给企业带来福利提升。

关于资源错配的影响因素，现有研究主要集中于市场摩擦和政府干预两个方面。政府干预方面，Restuccia 和 Rogerson（2008）构建了符合美国实际数据的异质性厂商模型，指出政策的干预可能导致产出和全要素生产率产生较大幅度的波动。韩剑和郑秋玲（2014）借助中国工业企业数据库测算了我国地区总体、行业间和行业内的资源错配，并指出政府包括财政补贴、行政性市场进入壁垒等方面的干预行为对行业内资源配置具有显著影响，而劳动力流动限制等政府干预行为则对行业间的资源错配具有显著的作用。市场摩擦方面，Barseghyan 和 Dicecio（2011）指出高额的进入成本将导致更高的要素错配，在他们的模型中，进入成本较低的前十分位的国家全要素生产率是进入成本较高的十分位国家全要素生产率的 2.32 倍，特别是金融扭曲是市场摩擦的重要体现；Banerjee 和 Moll（2010）构造了包含融资约束的理论模型，从资本错配的角度揭示了为什么会存在资源错配现象。结合经验证据，Buera 等（2011）研究指出，那些外部融资规模与国内生产总值之比最低的 1/3 的国家，其全要素生产率会有至少 40%的损失。就我国而言，已有许多研究证实存在着严重的资源错配（龚关和胡关亮，2013），但在微观层面上还缺乏融资约束影响资源错配的强有力的文献依据。现实中，尽管我国金融市场发展迅速，但仍滞后于经济发展的步伐，依然存在着许多非市场化因素，金融体制的改革亟待进一步推进与深化；微观层面上，融资约束问题仍是企业发展面临的挑战（中国企业家调查系统，2015）。基于此，本章将基于我国微观企业数据，探讨融资约束对资源错配的影响。

融资约束问题也是经济学领域研究关注的重要内容，相关研究包括融资约束与贸易（Manova，2008）、融资约束与投资（Fazzari et al.，1988）、融资约束与收入差距（Banerjee and Newman，1993；Aghion and Howitt，2008）等系列主题，但关注融资约束影响资源错配的文献还比较少，主要原因可能是微观数据的缺乏和企业融资约束的度量问题等。张佩和马弘（2012）采用中国微观数据对融资约束与资源错配进行了实证分析，但其仅关注行业内资源错配。本章将基于我国微观企业数据，重点关注融资约束如何影响企业内、行业内（企业间）资源错配。借助 Hsieh 和 Klenow（2009）模型以及张佩和马弘（2012）的研究框架，构建企业内、行业内两个不同层面的资源错配指标，运用我国工业企业数据库 1998～2007 年数据进行指标测算，并对融资约束影响资源错配展开实证研究。结果发现，融资约束与企业内、行业内资源错配呈现非线性的关系，随着融资约束的上升，企业内和行业内资源错配程度将会先下降后增加；进一步，通过根据企业所有制属性、行业要素密集度、地区分布等进行分组回归，并考虑到估计的内生性问题采用系统 GMM 方法进行估计等，进行了系列异质性和稳健性检验。

3.2　资源错配的测度

3.2.1　企业内资源错配

参考 Hsieh 和 Klenow（2009）和 Oberfield（2011）等模型框架，假设代表性企业在完全竞争市场上生产最终产品 Y，市场上有 S 个行业，行业 s 的产出为 Y_s，其在某地区国民经济中的份额为 θ_s，并且 θ_s 是固定的。最终产品市场的产出以 Cobb-Douglas 生产函数的形式加总而来：

$$Y = \prod_{s=1}^{S} Y_s^{\theta_s}\text{，}\ \sum_{s=1}^{S}\theta_s = 1 \tag{3.1}$$

行业 s 的产品价格为 P_s，最终产品市场上的产品价格为 P。根据成本最小化推导，可得

$$P_s Y_s = \theta_s PY\ , P \equiv \prod_{s=1}^{S}(P_s / \theta_s)^{\theta_s} \tag{3.2}$$

假定行业 s 是垄断竞争市场，由 M_s 个生产差异化产品的企业构成。行业 s 中企业 i 的产出为 Y_{si}，企业的产品定价为 P_{si}。行业 s 的生产函数为 CES 生产函数，即

$$Y_s = \left(\sum_{i=1}^{M_s} Y_{si}^{\frac{\sigma-1}{\sigma}}\right)^{\frac{\sigma}{\sigma-1}} \tag{3.3}$$

假设异质性企业 i 在生产中投入资本 K_{si}、劳动力 L_{si} 两种要素，企业的 Cobb-Douglas 生产函数由全要素生产率 A_{si}、资本 K_{si}、劳动力 L_{si} 构成。行业 s 中代表性企业的生产函数则为

$$Y_{si} = A_{si} K_{si}^{\alpha_s} L_{si}^{\beta_s} \tag{3.4}$$

这里借鉴龚关和胡关亮（2013）关于规模报酬可变的基本假设，即 $\alpha_s + \beta_s$ 可以不为 1。进一步假定引起资本边际产出价值变化的资本扭曲为 $\tau_{K_{si}}$，例如当厂商无法通过正常的融资渠道获得资金（面临融资约束），那么只能通过支付高利息得到贷款，$\tau_{K_{si}}$ 就会上升；相反地，如果厂商能够通过某种信贷关系获得低利息贷款，则 $\tau_{K_{si}}$ 下降；假定引起劳动边际产出价值变化的劳动扭曲为 $\tau_{L_{si}}$，例如最低工资法可能使得劳动的边际产出价值增加，$\tau_{L_{si}}$ 将会上升；一些不合法的雇佣行为可以降低 $\tau_{L_{si}}$。结合扭曲的定义和生产函数，企业的利润最大化问题可以表述为

$$\text{Max}\left\{P_{si}Y_{si} - \left(1+\tau_{L_{si}}\right)wL_{si} - \left(1+\tau_{K_{si}}\right)rK_{si}\right\} \tag{3.5}$$

其中，w、r 分别表示单位劳动和资本的价格。根据 Hsieh 和 Klenow（2009）、Oberfield（2011）等的研究，求解以上企业利润最大化问题，可以得到资本–劳动比率、资本劳动的投入数量：

$$\frac{K_{si}}{L_{si}} = \frac{\alpha_s}{\beta_s} \times \frac{W}{R} \times \frac{1+\tau_{L_{si}}}{1+\tau_{K_{si}}} \tag{3.6}$$

$$K_{si} \propto 1\Big/\left(1+\tau_{K_{si}}\right)\left[A_{si} \times \left(1+\tau_{K_{si}}\right)^{-\alpha_s} \times \left(1+\tau_{L_{si}}\right)^{-\beta_s}\right]^{T_s} \tag{3.7}$$

$$L_{si} \propto 1\Big/\left(1+\tau_{L_{si}}\right)\left[A_{si} \times \left(1+\tau_{K_{si}}\right)^{-\alpha_s} \times \left(1+\tau_{L_{si}}\right)^{-\beta_s}\right]^{T_s} \tag{3.8}$$

其中，$T_s=\left[\frac{\sigma}{\sigma-1}-(\alpha_s+\beta_s)\right]^{-1}$。可以看出，企业生产的资本和劳动力配置数量不仅取决于企业本身的生产率（A_{si}），而且与其所面临的扭曲程度有关。但资本–劳动比率只与扭曲程度相关，而与生产率无关。资源错配导致的扭曲使得资本和劳动的边际产出价值在各个厂商之间存在差异，这时要素的边际产出价值是要素扭曲程度与无扭曲时单位要素报酬率的函数，即

$$\mathrm{mrpl}_{si}=\frac{\mathrm{d}(P_{si}Y_{si})}{\mathrm{d}(L_{si})}=w\times\left(1+\tau_{L_{si}}\right)=\frac{\sigma-1}{\sigma}\times\frac{\beta_s P_{si}Y_{si}}{L_{si}} \tag{3.9}$$

$$\mathrm{mrpk}_{si}=\frac{\mathrm{d}(P_{si}Y_{si})}{\mathrm{d}(K_{si})}=r\times\left(1+\tau_{K_{si}}\right)=\frac{\sigma-1}{\sigma}\times\frac{\alpha_s P_{si}Y_{si}}{K_{si}} \tag{3.10}$$

在计算要素边际产出价值以及要素扭曲程度时，需要确定一些参数取值，参考 Hsieh 和 Klenow（2009）、龚关和胡关亮（2013）的研究，假定资本租金率为10%；行业内的产品替代弹性$\sigma=3$，在这种假设下，最终产出以α_s/β_s的比例分配给资本和劳动，因此有

$$(1+\tau_{K_{si}})=\alpha_s/(\alpha_s+\beta_s)\times P_{si}Y_{si}/rK_{si} \tag{3.11}$$

$$(1+\tau_{L_{si}})=\beta_s/(\alpha_s+\beta_s)\times P_{si}Y_{si}/wL_{si} \tag{3.12}$$

在考察要素扭曲的基础上，进一步关注资本和劳动力等不同要素在企业内的配置是否合理，如果企业内劳动力的边际产出与资本边际产出不相等，根据要素的边际报酬递减规律，继续投入边际产出价值更大的要素，减少边际产出价值较小的要素使用将是更为有效的，因此，结合施炳展和冼国明（2012）关于要素扭曲价格的讨论，构建企业内资源错配指标（miss1）如下：

$$\mathrm{miss1}_i=\left|\frac{\mathrm{mrpk}_{si}}{r}-\frac{\mathrm{mrpl}_{si}}{w}\right|=\left|\tau_{K_{si}}-\tau_{L_{si}}\right| \tag{3.13}$$

其中，$\mathrm{miss1}_i$表示企业生产过程中资本边际产出价值和劳动边际产出价值的差距，其值越大表示错配程度越明显，两者越接近则表示要素使用越有效，其内在逻辑是测度企业生产过程中劳动和资本使用对最优配比状态的偏离。同时本章借鉴 Oberfield（2011）的研究，采用资本扭曲和劳动扭曲的加权（miss2）来反映企业资源错配程度，进行稳健性检验。

$$\mathrm{miss2}_i=\alpha_s\times\tau_{K_{si}}+\beta_s\times\tau_{L_{si}} \tag{3.14}$$

3.2.2　行业内资源错配

进一步借鉴张佩和马弘（2012）、Hsieh 和 Klenow（2009）等的研究，从行业

内（企业间）资源配置的角度分析融资约束的影响。这里没有关注整个政策层面的扭曲，仅考虑融资约束引起的资本扭曲问题，式（3.5）变为如下形式：

$$\mathrm{Max}\left\{P_{si}Y_{si}-wL_{si}-r_{si}K_{si}\right\} \tag{3.15}$$

这里企业面临的工资率是相同的，但因为资本扭曲导致企业面临的资本租金率存在差异。根据张佩和马弘（2012）的研究，可以将企业的资本来源区分为权益融资 EF_{si}、银行贷款 BF_{si} 以及其他融资 OF_{si} 三部分，权益融资代表的是生产商自由的资本或者是通过股票市场获取的资本，其他融资部分包括通过非银行渠道所获取的资本，如金融财务公司或普通的商业票据融资等。在融资过程中，权益融资和其他融资模式的成本要高于银行贷款成本，这是因为银行作为融资的主要中介，在很大程度上降低了融资过程中的交易费用，同时参考 Allen 等（2005）的研究结论，假设：$r_{si}^{\mathrm{ef}}>r_{si}^{\mathrm{bf}}$ 和 $r_{si}^{\mathrm{of}}>r_{si}^{\mathrm{bf}}$ 。因此，企业面临的 r_{si} 可以采用这三种融资方式的资本成本加权的形式表示如下：

$$r_{si}=\frac{\mathrm{EF}_{si}}{K_{si}}r_{si}^{\mathrm{ef}}+\frac{\mathrm{OF}_{si}}{K_{si}}r_{si}^{\mathrm{of}}+\frac{\mathrm{BF}_{si}}{K_{si}}r_{si}^{\mathrm{bf}} \tag{3.16}$$

根据企业利润最大化，式（3.15）的一阶条件之一，即资本的边际产出为

$$\mathrm{MRPK}_{si}=\frac{\mathrm{d}\left(P_{si}Y_{si}\right)}{\mathrm{d}\left(K_{si}\right)}=r_{si}=\frac{\sigma-1}{\sigma}\times\frac{\alpha_s P_{si}Y_{si}}{K_{si}} \tag{3.17}$$

企业面临的借贷约束越小，越容易从银行取得贷款，因此企业资本中银行贷款的比例可能越高，相应的平均加权成本就越低，也即 r_{si} 就越低，资本的边际产出就会下降。根据 Hsieh 和 Klenow（2009）、张佩和马弘（2012）的研究等，定义企业的收入生产率如下：

$$\mathrm{TFPR}_{si}=P_{si}\times A_{si}=\frac{P_{si}Y_{si}}{K_{si}^{\alpha_s}\left(wL_{si}\right)^{\beta_s}} \tag{3.18}$$

其中，A_{si} 就是我们普通意义上理解的生产过程中的全要素生产率。企业资本边际产出的下降，会降低其收入生产率。因此，融资约束会造成企业间资本实际使用成本产生差异，进而造成企业收入生产率的不同，从而使得行业总体生产率 $\mathrm{TFP}_s=\left[\sum_{i=1}^{N_s}\left(A_{si}\frac{\overline{\mathrm{TFPR}_s}}{\mathrm{TFPR}_{si}}\right)^{\sigma-1}\right]^{\frac{1}{\sigma-1}}$（其中 $\overline{\mathrm{TFPR}_s}$ 表示行业内平均收入生产率，N_s 表示行业 s 中的企业个数 N）不能达到最优；只有当各个生产商生产率趋同时，行业总体生产率达到如下最大值：

$$\mathrm{TFP}_s^{\max}=\left[\sum_{i=1}^{N_s}\left(A_{si}\right)^{\sigma-1}\right]^{\frac{1}{\sigma-1}} \tag{3.19}$$

因此，存在融资约束时，企业间面临不同的资本边际产出，若约束得到缓解，可以促使资本从边际产出低的企业向边际产出高的企业流动，从而提升行业整体的生产效率。企业收入生产率的差异越大，效率损失就越大；而企业收入生产率趋同是 Hsieh 和 Klenow（2009）、龚关和胡关亮（2013）等所指出的最优要素配置状态。因此，使用 $\frac{\text{TFPR}_{si}}{\text{TFPR}_s}$ 反映企业生产过程中对行业平均收入生产率的偏离，可以作为衡量要素在行业内配置程度的变量。

3.3 计量模型设定及变量说明

基于以上理论分析，进一步从企业所面临的资源错配及生产率差异等方面实证考察融资约束的影响效应。计量模型构建如下：

$$\text{MR}_{jt} = \alpha_0 + \alpha_1 \text{CS}_{jt} + \sum_{k=1}^{n} \beta_k \text{Ctrl}_{j,t}^{k} + \gamma_s + \omega_i + \delta_t + \mu_{s,i,j,t} \tag{3.20}$$

其中，解释变量及下标、参数系数含义与第 2 章一致。被解释变量 MR 采用两方面的指标来衡量，一是采用式（3.13）、式（3.14）所测度的企业内资源错配指标，包含 miss1 和 miss2 两个变量。本章所使用的样本数据来源于 1998～2007 年中国工业企业数据库，包括全部的国有工业企业和营业额在 500 万元以上的工业企业；考虑到数据库存在变量信息缺失和异常值问题，数据处理同第 2 章，剔除 2004 年企业数据。计算过程中最为重要的是对行业要素产出弹性的测度，囿于样本选择限制，本章将工业企业数据按照 2002 年投入产出表行业的划分划定为 19 个部门，采用 Levinsohn-Petrin（简称 LP）半参数估计法估算生产函数，其中对企业资本存量的估算，参考 Olley 和 Pakes（1992）的处理方法，使用企业首次出现在数据库的固定资产原值作为基期的初始资本存量，每年的实际投资额由相邻年份的固定资产原值之差得到（梁琦等，2013），进而采用永续盘存计算资本存量；企业产出水平选用工业增加值，鉴于数据库中工业增加值数据缺失较多，故借鉴白重恩等（2008）的研究方法，采用劳动报酬、工资福利费用、营业利润和固定资产折旧之和计算而来；劳动力投入为企业就业人数，中间投入直接使用中间投入品。工业增加值使用工业品出厂价格指数进行平减，中间投入使用原材料、燃料和动力购进价格指数进行平减，劳动报酬使用 CPI（consumer price index，消费者物价指数）指数平减，均以 1998 年为基期。二是基于行业层面，借鉴 Syverson（2011）、张佩和郑弘（2012）等研究，使用企业收入生产率相对于行业平均收入生产率的偏离的对数值 $\ln\left(\frac{\text{TFPR}_{si}}{\text{TFPR}_s}\right)$ 作为行业内资源错配的代理指标，简记为

ltfpr。在计算过程中，选用 LP 半参数估计方法估算企业 TFP，从而可以考虑到一些不可测的生产率冲击。无论是企业内错配还是行业内错配指标，其值越大，均表明错配程度越高。

CS_{jt} 为融资约束变量，借鉴张佩和郑弘（2012）的研究，采用利息费用与总负债的比值（irate）作为主要解释变量，直接反映了企业融资成本的高低，该变量也可理解为企业融资过程的平均利率，平均利率越高企业面临的融资约束越紧；同时在模型中引入融资约束的二次项，以进一步考察融资约束影响资源错配的非线性关系。

控制变量参考张佩和马弘（2012）的处理方法。主要控制变量包括企业资产负债率、利润率、企业规模、企业年龄、实际税率、企业的出口和研发行为等。资产负债率（alr）采用企业负债与总资产的比值；利润率（roa）采用总利润与总资产的比值，代替企业的营利能力；企业规模（size）采用企业资产合计的对数值；企业年龄（age），其大小为当年时间减去企业成立年份，去除为负的值以及大于 60 的值。企业面临的实际税率水平（taxrate）计算方法为企业应交的增值税与年销售收入的比，样本选择过程中去除了不合理数据；同时模型中还考虑了企业是否参与国际贸易的虚拟变量（exyn）：如果企业有出口行为其取值为 1，否则为 0；用 rdyn 表示企业技术研发的虚拟变量，存在科研支出取值为 1，否则取值为 0。任曙明和吕镯（2014）指出政府补贴可以对冲融资约束对生产率造成的影响，因此在计量模型（3.20）中加入政府补贴的虚拟变量（subsidies），存在政府补贴取值为 1，不存在政府补贴取值为 0。此外，类似于第 2 章，在模型中还加入企业实收资本中国有资本份额（state_share）和外商资本的份额（foreign_share）变量，在一定程度上控制企业属性。各变量的描述性统计见表 3.1。

表 3.1　主要变量的描述性统计

变量名	观测值	均值	标准误	最小值	最大值
miss1	369 082	1.37	1.64	0.00	11.95
miss2	369 082	0.13	0.23	0.00	2.99
ltfpr	369 082	–0.15	0.49	–4.31	6.50
irate	369 082	0.03%	0.03%	0.002%	0.13%
size	369 082	9.74	1.15	5.40	16.75
age	369 082	12.76 年	10.52 年		60.00 年
roa	369 082	0.08%	0.12%	0	7.97%
alr	369 082	0.59%	0.22%	0	1.00%
taxrate	369 082	0.04%	0.03%	0	1.00%
exyn	369 082	0.27	0.44	0	1.00
rdyn	369 082	0.66	0.47	0.0006	1.00

续表

变量名	观测值	均值	标准误	最小值	最大值
subsidies	369 082	0.13	0.34	0	1.00
state_share	369 082	0.18	0.36	0	1.00
foreign_share	369 082	0.09	0.25	0	1.00

3.4　实证结果分析

3.4.1　基本回归结果分析

根据计量模型（3.20）从两个层面进行实证研究，一是考察融资约束对企业内错配 miss1 和 miss2 的影响；二是考察融资约束对行业内也就是企业间的资源错配（$\ln\left(\frac{\text{TFPR}_{si}}{\text{TFPR}_s}\right)$）的影响。

1. 融资约束与企业内资源错配

本章中 miss1 和 miss2 所反映的是企业内资本和劳动的配置状况。根据表 3.2，没有考虑其他控制变量以及融资约束变量 irate 的二次项时，其本身的回归系数显著为负；但在考虑融资约束变量的二次项时，融资约束变量 irate 本身的回归系数显著为负，而其二次项的回归系数则在 1%显著水平下显著为正，说明融资约束对企业的资源错配存在非线性的影响效应。根据列（4）和列（8）的回归结果，针对两种衡量企业内资源错配的变量，发现融资约束与其二次关系的拐点分别为 7.14%和 7.06%。融资约束低于临界值时，随着企业所面临的融资约束的加强，企业内资源配置效率将会上升，错配程度下降；而当融资成本越来越大时，超过临界值后随着融资约束继续收紧，企业内的资源错配将随之升高。也就是在一定时期内，融资约束趋紧可能会倒逼企业优化资源配置，提高资源配置效率；但过高的融资约束必然导致企业融资成本增加，生产资本相对短缺，资源错配上升。

关于其他控制变量，企业的资产负债率 alr 的回归系数一直显著为正，说明企业负债越高，错配程度也可能越高，高杠杆率不利于企业充分有效地进行资源配置，因此在调整经济结构，促进经济发展方式转变过程中，要坚持“三去一降一补”的改革策略，采取有效措施降低企业杠杆率；利润率变量 roa 的回归系数显著为负，表明企业营利能力的扩大可以降低企业的资源错配，这是由于企业营利能力改善后可以拥有更自由的要素使用选择权，有利于要素的配置优化；企业的规模变量 size 的回归系数也一直显著为负，企业规模越大，越有优势发挥规模效应，企业内资源错配程度会随之降低；但企业成立的年份越长，其资源错配程度相对越高；实际税率与资源错配的相关系数为正，也就是说实际税率的提高会增加企业内资源错配程度；企业是否出口的虚拟变量 exyn 以及研发支出虚拟变量 rdyn 的回归系数也显著为正；而政府补贴在一定程度上有利于企业弥补生产短板，降低企业的资源错配水平；相对而言，企业中外商资本份额越高，企业的资源错配程度越高。

表 3.2 融资约束影响企业内资源错配的基本回归结果

解释变量	（1）	（2）	（3）	（4）	（5）	（6）	（7）	（8）
	miss1	miss1	miss1	miss1	miss2	miss2	miss2	miss2
irate	-0.924^{***} （0.146）	-2.832^{***} （0.298）	-5.549^{***} （0.290）	-5.351^{***} （0.290）	-0.115^{***} （0.021）	-0.355^{***} （0.056）	-0.760^{***} （0.041）	-0.733^{***} （0.041）
$irate^2$		18.155^{***} （3.520）	37.860^{***} （2.639）	37.450^{***} （2.634）		2.287^{***} （3.423）	5.234^{***} （0.373）	5.189^{***} （0.372）
alr			0.593^{***} （0.014）	0.606^{***} （0.014）			0.080^{***} （0.002）	0.082^{***} （0.002）
roa			-3.582^{***} （0.025）	-3.604^{***} （0.025）			-0.486^{***} （0.004）	-0.489^{***} （0.003）
size			-0.324^{***} （0.003）	-0.336^{***} （0.003）			-0.042^{***} （0.000 4）	-0.044^{***} （0.000 4）
age			0.004^{***} （0.000 4）	0.005^{***} （0.000 4）			$0.000\,7^{***}$ 5.36×10^{-5}	$0.000\,8^{***}$ 5.53×10^{-5}
taxrate			0.120 （0.091）	0.470^{***} （0.091）			0.024^{*} （0.013）	0.075^{***} （0.013）
exyn				0.286^{***} （0.007）				0.041^{***} （0.001）
rdyn				0.037^{***} （0.007）				0.005^{***} （0.001）
subsidies				-0.173^{***} （0.008）				-0.024^{***} （0.001）
state_share				0.008 （0.009）				0.000 9 （0.001）
foreign_share				0.133^{***} （0.013）				$0.019\,9^{***}$ （0.002）
常数项	232.1^{***} （2.728）	32.227^{***} （2.728）	71.62^{***} （2.082）	56.09^{***} （2.730）	31.11^{***} （0.385）	31.131^{***} （0.385）	9.477^{***} （0.294）	7.426^{***} （0.385）

续表

解释变量	（1）	（2）	（3）	（4）	（5）	（6）	（7）	（8）
	miss1	miss1	miss1	miss1	miss2	miss2	miss2	miss2
行业	控制	控制	控制	控制	控制	控制	控制	控制
地区	控制	控制	控制	控制	控制	控制	控制	控制
时间	控制	控制	控制	控制	控制	控制	控制	控制
样本容量	369 082	369 082	369 082	369 082	369 082	369 082	369 082	369 082
企业数	172 995	172 995	172 995	172 995	172 995	172 995	172 995	172 995

注：表中括号内数值为相应估计系数的标准误

***、*分别表示在 1%、10%的显著性水平上显著不为 0

2. 融资约束与行业内资源错配

根据表 3.3，当采用行业内资源错配指标 $\ln\left(\frac{\text{TFPR}_{si}}{\text{TFPR}_s}\right)$ 来衡量被解释变量时，如果单独考虑融资约束变量时，其回归系数显著为正，融资约束的增加明显促进行业内资源错配；进一步考虑融资约束变量的平方项及控制变量后，发现融资约束与行业内错配同样呈现出非线性关系，以企业相对收入生产率来反映的行业内资源错配随着融资约束的升高表现出先下降再升高的特征。根据表 3.3 中列（4）回归系数，融资约束对行业内资源错配影响的临界点约为 8.71%，当企业融资成本小于该值时，随着融资成本的上升，企业收入生产率相对行业平均收入生产率的偏离将会下降；但随着融资成本继续上升超过临界值时，这种偏离在资本边际产出变化的影响下会提高，从而导致行业内企业生产率分布的差异，增加行业内错配程度，这与张佩和马弘（2012）的结论一致。另外，企业利润率的提高、政府补贴的增加会扩大行业内（企业间）的资源错配，而企业是否存在科研支出则有利于降低行业内（企业间）的资源错配，其他控制变量的回归结果与企业内资源错配的影响结果基本一致。

表 3.3　融资约束影响行业内资源错配的基本回归结果

解释变量	（1）	（2）	（3）	（4）
irate	0.625*** （0.037）	−0.059 （0.100）	−1.672*** （0.072）	−1.743*** （0.072）
irate^2		6.510*** （0.882）	9.178*** （0.650）	10.01*** （0.648）
alr			0.186*** （0.004）	0.188*** （0.004）

续表

解释变量	(1)	(2)	(3)	(4)
roa			1.801*** (0.006)	1.793*** (0.006)
size			−0.086*** (0.000 8)	−0.097*** (0.000 8)
age			0.004*** (0.000 1)	0.004*** (0.000 1)
taxrate			0.434*** (0.023)	0.505*** (0.023)
exyn				0.069*** (0.002)
rdyn				−0.006*** (0.002)
subsidies				0.080*** (0.002)
state_share				0.011*** (0.002)
foreign_share				0.053*** (0.004)
行业	控制	控制	控制	控制
地区	控制	控制	控制	控制
时间	控制	控制	控制	控制
常数项	−0.173*** (0.001)	−0.163*** (0.002)	−3.696*** (0.521)	−2.896*** (0.671)
样本容量	369 082	369 082	369 082	369 082
企业数	172 995	172 995	172 995	172 995

注：表中括号内数值为相应估计系数的标准误

***表示在 1%的显著性水平上显著不为 0

3.4.2　异质性分析

本节进一步从企业所有制类型、行业类型、地区分布等层面，对总体企业样本进行分组，并进行异质性分析。

1. 基于企业所有制类型分组回归分析

尽管经过多年的改革和发展，我国社会主义市场经济体制已经建立，但非市场化的金融体制仍然是一个严重问题，金融市场存在明显的所有制歧视（韩剑和郑秋玲，2014）。相对而言，国有企业面临的融资约束要低，通常能以相对低的融资成本取得银行贷款；并且国有企业在融资过程中通常有一种无形担保，也就是常谈到的软约束问题。图 3.1 给出了国有企业和非国有企业（按照实收资本份额中国有出资是否超过 50%）融资约束的核密度分布图，可以看到，虽然国有企业相较于非国有企业融资约束核密度分布峰值更靠左，但国有企业核密度分布随着融资约束升高而下降得更快，观察到在融资成本（irate）约大于 3%时，国有企业相应的分布概率低于非国有企业，也就是说存在更大的概率表明非国有企业比国有企业承受相对较高的融资成本。

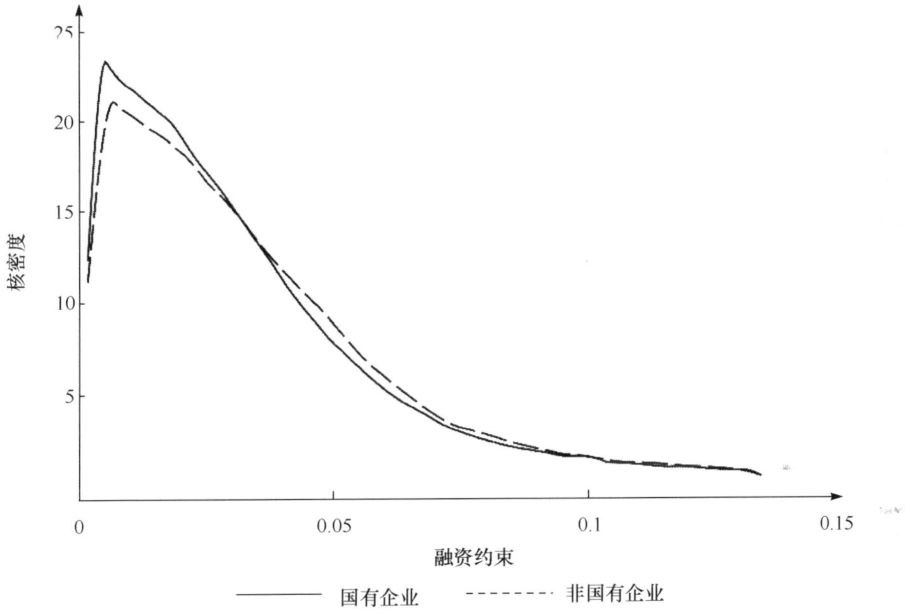

图 3.1　国有企业和非国有企业融资约束的核密度分布图

进一步根据企业实收资本中国有资本份额，将所有企业分为五个层次：(0, 0.2]、(0.2,0.4]、(0.4,0.6]、(0.6,0.8]和 (0.8,1]，分别绘出各层次企业融资约束的核密度分布图（图 3.2），可以看出，并非如一般猜想的：随着国有资本份额提升，融资约束峰值向左移动；而是国有份额较小（位于区间（0,0.2]）的企业和国有份额较大（位于区间（0.8,1]）的企业，其核密度峰值都相对而言更靠左一些。

同时这里也给出了这五种分组状态下企业内资源错配的核密度分布图（图 3.3）。很明显，随着国有资本份额的升高，企业内资源错配的核密度图峰值向右移动，说明资源错配程度随着国有资本份额的提高而增大。

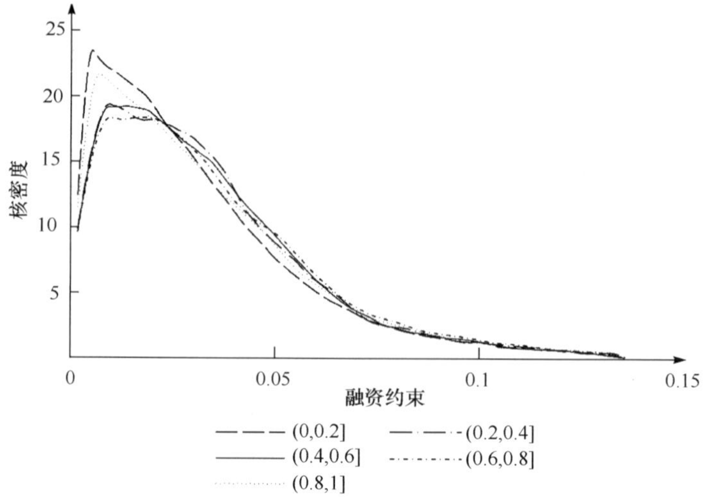

图 3.2　不同国有资本份额下企业融资约束的核密度分布图

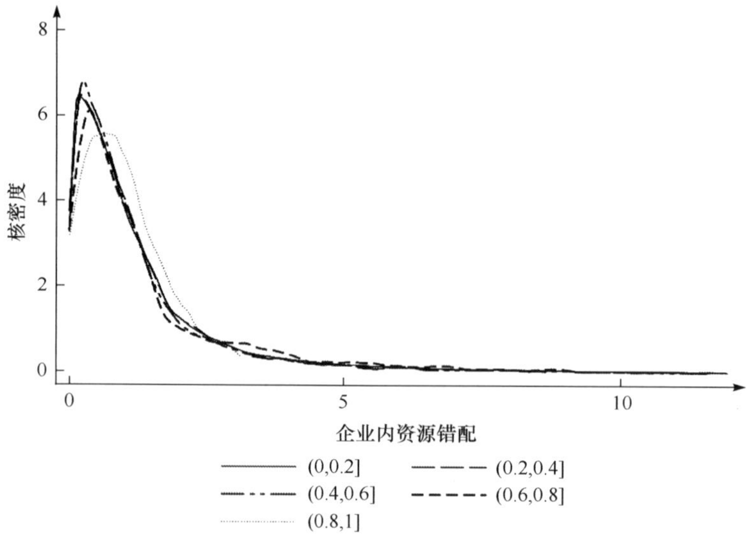

图 3.3　不同国有资本份额下企业内资源错配的核密度分布图

图 3.4 绘出了不同国有资本份额下，以企业相对收入生产率来测度的行业内资源错配的核密度分布图，发现国有资本份额达到 80%以上的国有企业，其相对收入生产率最为分散，也就是说行业内资源错配程度最高，而国有资本份额处于(0.6,0.8]的企业，其相对收入生产率分布最集中。

基于以上分析，需要区分国有企业与非国有企业，分别考察融资约束对资源错配的影响，表 3.4 的列（1）～列（4）给出了区分所有制类型的分组样本混合回归结果。可以发现，区分非国有和国有企业后回归，融资约束依然表现出对于

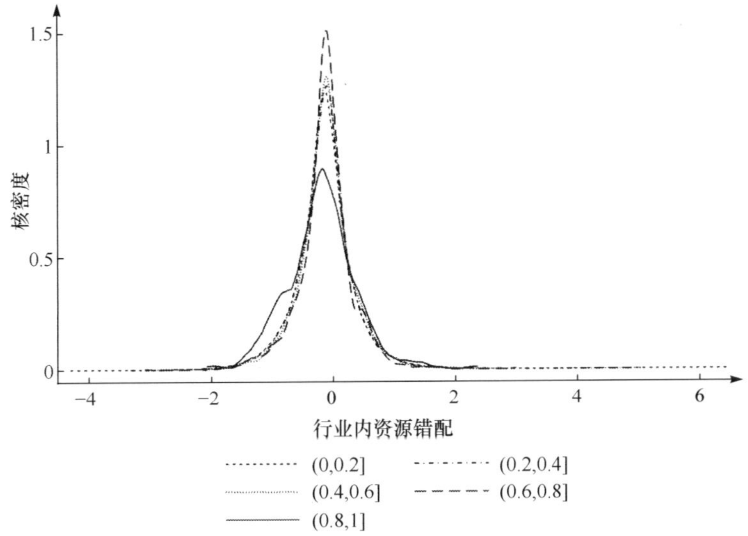

图 3.4　不同国有资本份额下行业内资源错配的核密度分布图

企业内资源错配的 U 型非线性效应；从列（3）、列（4）可以看出，两组分样本回归中，融资约束 irate 对企业内资源错配影响的拐点值分别为 6.99%和 8.05%，国有企业面临更高的融资约束临界值。控制变量中，企业资产负债率的增加刺激了国有和非国有企业的资源错配，而利润率的提高、规模的扩大、政府补贴都会降低企业的资源错配；而企业面临的实际税率、是否出口等变量的回归系数显著为正，这与总体样本回归是一致的。需要注意的是，企业是否存在科研支出对于国有企业和非国有企业内资源错配的影响效应相反，证据表明其在一定程度上会降低国有企业内资源错配，而显著强化了非国有企业内资源错配。是否存在补贴对企业内资源错配的影响效应显著为负，政府补贴在一定程度上有利于降低企业内资源错配，但对于国有企业组而言，该估计系数的绝对值要远远高于非国有企业组的相应值，一定程度上说明了国有企业在优化生产、提高要素配置效率过程中，相对于非国有企业对政府补贴存在更多的依赖。

进一步区分国有和非国有企业，考察融资约束对行业内资源错配的影响，见表 3.4 的列（5）～列（6）。融资约束变量 irate 的回归系数显著为负，而其二次项回归系数则显著为正，区分非国有和国有企业样本后，融资约束对于企业间资源错配的影响依然表现为 U 型的非线性作用，根据回归结果列（7）和列（8），融资约束对行业内资源错配影响的拐点值分别为 6.90%和 7.98%，与企业内资源错配的回归结果一样，国有企业均面临更高的临界值，国有企业要素配置效率对融资约束的容忍度更高。

表 3.4　不同所有制类型企业融资约束对资源错配的实证结果

解释变量	企业内资源错配 miss1				行业内资源错配 ltfpr			
	(1)	(2)	(3)	(4)	(5)	(6)	(7)	(8)
	非国有企业	国有企业	非国有企业	国有企业	非国有企业	国有企业	非国有企业	国有企业
irate	−7.917*** (0.330)	−6.411*** (0.733)	−5.701*** (0.318)	−5.248*** (0.707)	−1.505*** (0.090)	−0.895*** (0.194)	−0.779*** (0.045)	−0.746*** (0.101)
$irate^2$	39.15*** (3.013)	24.22*** (6.614)	40.80*** (2.892)	32.61*** (6.390)	17.78*** (0.819)	14.57*** (1.735)	5.641*** (0.407)	4.672*** (0.917)
alr			0.674*** (0.015)	0.353*** (0.034)			0.091*** (0.002)	0.045*** (0.005)
roa			−3.573*** (0.026)	−3.860*** (0.066)			−0.484*** (0.004)	−0.526*** (0.009)
size			−0.359*** (0.003)	−0.233*** (0.007)			−0.047*** (0.001)	−0.030*** (0.001)
age			−0.001 (0.001)	0.016*** (0.001)			-5.96×10^{-6} 6.78×10^{-5}	0.002*** 9.09×10^{-5}
taxrate			0.372*** (0.104)	1.010*** (0.185)			0.068*** (0.015)	0.126*** (0.027)
exyn			0.278*** (0.008)	0.390*** (0.019)			0.040*** (0.001)	0.056*** (0.003)
rdyn			0.075*** (0.007)	−0.227*** (0.025)			0.010*** (0.001)	−0.034*** (0.004)
subsidies			−0.144*** (0.009)	−0.285*** (0.019)			−0.019*** (0.001)	−0.038*** (0.003)
state_share			−0.131*** (0.042)	0.260*** (0.052)			−0.018*** (0.006)	0.039*** (0.007)
foreign_share			0.154*** (0.013)	0.012 (0.101)			0.023*** (0.002)	−0.003 (0.014)
常数项	137.7*** (2.309)	148.8*** (5.064)	46.58*** (3.131)	108.4*** (6.171)	7.324*** (0.636)	2.315* (1.349)	6.042*** (0.440)	14.91*** (0.886)
行业	控制	控制	控制	控制	控制	控制	控制	控制
地区	控制	控制	控制	控制	控制	控制	控制	控制
时间	控制	控制	控制	控制	控制	控制	控制	控制
样本容量	302 859	66 223	302 859	66 223	302 859	66 223	302 859	66 223
企业数	149 513	36 099	149 513	36 099	149 513	36 099	149 513	36 099

注：表中括号内数值为相应估计系数的标准误

***、*分别表示在 1%、10%显著性水平上显著不为 0

2. 基于行业要素密集度类型分组回归分析

Rajan 和 Zingales（1998）研究指出，不同行业对外部金融的依赖度是不同的；并且中国工业行业存在典型的资本密集度差异，因此，本节根据企业所在行业的要素密集度差异，将所有企业区分为劳动密集型和资本密集型，分组进行回归，结果见表 3.5。根据行业要素密集度类型分组后，无论是变量 miss1，还是变量 miss2，融资约束对于企业内资源错配具有稳健的 U 型非线性作用，但劳动密集型行业对融资约束的变化更为敏感，这可能是因为在我国企业生产过程中，融资约束影响最直接的是对可变成本的支付（祝树金和赵玉龙，2016）。对于行业内资源配置，劳动密集型行业中融资约束变量的回归系数不再显著，资本密集型行业中融资约束变量及其平方项的估计系数的符号及其显著性总体没有改变，这是因为对于劳动密集型行业，主要以劳动投入为主，所以在面临融资约束时，并不显著影响劳动作为主要投入要素在行业内的流动和配置，从而不会对行业内资源错配产生明显作用。

表 3.5 区分劳动密集型和资本密集型行业的分组回归结果

解释变量	企业内资源错配 miss1		企业内资源错配 miss2		行业内资源错配 ltfpr	
	（1）	（2）	（3）	（4）	（5）	（6）
	劳动密集型	资本密集型	劳动密集型	资本密集型	劳动密集型	资本密集型
irate	−3.533*** （0.636）	−2.115*** （0.505）	−0.522*** （0.091）	−0.220*** （0.071）	−0.230 （0.144）	−0.871*** （0.118）
$irate^2$	26.65*** （5.483）	16.76*** （4.437）	3.948*** （0.787）	1.842*** （0.619）	1.813 （1.240）	6.257*** （1.035）
常数项	5.223*** （1.006）	5.373*** （0.342）	0.552*** （0.145）	0.675*** （0.048）	0.171 （0.228）	−0.083 （0.080）
控制变量	控制	控制	控制	控制	控制	控制
行业	控制	控制	控制	控制	控制	控制
省份	控制	控制	控制	控制	控制	控制
时间	控制	控制	控制	控制	控制	控制
样本容量	149 766	219 316	149 766	219 316	149 766	219 316
企业数	72 322	103 505	72 322	103 505	72 322	103 505

注：表中括号内数值为相应估计系数的标准误；以上所有回归的控制变量与前文相同，为了叙述的简洁，这里仅报告了核心解释变量的回归结果，控制变量的估计结果基本与前文一致，因此这里不再报告。以下同

***表示在 1%的显著性水平上显著不为 0

3. 基于企业所属地区的分组回归分析

融资约束与地区的金融发展密不可分，不同地区的制度质量、市场环境等因

素都会影响融资约束的作用。我国大量的金融资源集中在东部沿海地区，且东部沿海地区的市场化程度相对较高，李青原等（2013）采用我国省份数据实证分析之后指出，金融发展可以促进地区实体经济资本配置效率的提高。因此，本节根据企业所属地区，区分为东部地区和中西部地区①两个子样本进行分组回归，表 3.6 给出了相应的实证结果。融资约束变量及其平方项的回归系数的显著性和符号与之前回归结论仍然一致。对于企业内资源错配的两个指标，东部地区样本组中 irate 和 $irate^2$ 的回归系数绝对值均大于中西部地区；而对于行业内资源错配，情况则相反。通过计算表 3.6 中各组回归结果融资约束的拐点值，发现中西部地区企业在生产过程中进行资源配置时，通常需要面临相对较高的融资成本；而融资约束对于行业内错配的影响则相反，东部地区融资约束的拐点值（8.04%）远大于中西部地区的相应值（5.41%），对于东部地区而言，只有当融资成本达到8.04%以上，随着融资约束加强，行业内错配程度越高。这是因为东部地区金融市场发展更为完善，融资的便利化会降低企业面临的融资成本，而对于行业而言，只有当融资约束达到一个更高水平时才会抑制要素在行业内、企业间的有效配置。

表 3.6　区分东部和中西部地区的实证结果

解释变量	企业内资源错配 miss1		企业内资源错配 miss2		行业内资源错配 ltfpr	
	（1）	（2）	（3）	（4）	（5）	（6）
	东部地区	中西部地区	东部地区	中西部地区	东部地区	中西部地区
irate	−2.808*** （0.477）	−2.014*** （0.695）	−0.384*** （0.067）	−0.191* （0.099）	−0.625*** （0.105）	−0.644*** （0.177）
$irate^2$	21.90*** （4.204）	14.62** （5.913）	3.050*** （0.592）	1.415* （0.840）	3.888*** （0.925）	5.948*** （1.509）
常数项	7.751*** （1.376）	5.111*** （0.361）	0.879*** （0.194）	0.671*** （0.051）	0.244 （0.303）	0.158* （0.092）
控制变量	控制	控制	控制	控制	控制	控制
行业	控制	控制	控制	控制	控制	控制
省区市	控制	控制	控制	控制	控制	控制
时间	控制	控制	控制	控制	控制	控制
样本容量	254 435	114 647	254 435	114 647	254 435	114 647
企业数	115 408	57 684	115 408	57 684	115 408	57 684

注：表中括号内数值为相应估计系数的标准误

***、**、*分别表示在 1%、5%、10%的显著性水平上显著不为 0

① 根据国家统计局，这里东部地区包括北京、天津、河北、山东、江苏、上海、浙江、福建、广东、海南，将其余中部地区、西部地区以及东北地区省区市统一归为中西部。

3.4.3　考虑内生性问题的稳健性检验

在以上基本回归的基础上，这里进一步考虑模型估计可能的内生性问题，通过采用系统 GMM 方法进行估计，以考察实证结论的稳健性。计量模型（3.20）中被解释变量是反映资源错配的变量，一方面，资源错配会影响到企业的生产效率，可能导致企业在资本市场上成为相对较差的信贷选择，从而反过来影响企业的融资约束；另一方面，解释变量中有企业出口行为变量，资源错配也会对企业出口选择产生影响，后续的第 6 章将分析资源错配对企业出口行为的“生产率效应”和“要素替代效应”；此外，资源错配与企业的资产负债率、营利能力都可能存在双向因果关系。因此，这些都可能会导致模型估计的内生性问题。进一步考虑到企业在生产过程中要素使用的调整成本，以及融资决策的时滞性，这里进一步引入适应性预期，在模型（3.20）中加入被解释变量的一阶、二阶滞后项，回归模型见式（3.21）。模型右边包含了被解释变量的滞后项，从而使得解释变量与随机误差项相关，这也可能导致估计的内生性问题。因此，本节将进一步采用系统 GMM 方法来进行估计。相比于差分 GMM 方法，系统 GMM 估计方法同时对原水平方程和一阶差分方程进行估计，并采用内生变量的差分滞后项作为水平方程中内生变量的工具变量，采用内生变量的水平滞后项作为差分项的工具变量，可以解决差分 GMM 可能忽略的组间信息（Blundell and Bond，1998；白重恩等，2008），相应的估计结果具体见表 3.7。

$$\begin{aligned}\mathrm{MR}_{jt} &= \alpha_0 + \alpha_1 \mathrm{CS}_{jt} + \alpha_2 \mathrm{MR}_{jt-1} + \alpha_3 \mathrm{MR}_{jt-2} \\ &\quad + \sum_{k=1}^{n} \beta_k \mathrm{Ctrl}_{j,t}^{k} + \gamma_s + \omega_i + \delta_t + \mu_{s,i,j,t}\end{aligned} \tag{3.21}$$

根据表 3.7，所有回归模型的 AR 检验表明，回归残差项存在 1 阶自相关，但不存在 2 阶自相关；但是所有模型均未通过 Hansen 检验，考虑到 Hansen 检验的局限性，正如白重恩等（2008）指出的，系统 GMM 中的 Hansen 检验，实际上是对误差的方差–协方差矩阵进行最小化运算后，再来看方差–协方差矩阵是否足够小，在逻辑上存在循环论证问题（Roodman，2009），因此这里仅关注 AR 检验。所有回归结果中，被解释变量的一阶滞后项的回归系数显著为正，也就是说无论是企业内资源错配还是行业内资源错配，其影响效应存在时滞性，短期内资源错配会对未来的资源配置产生影响，这是因为企业在调整要素配置时，通常会面临一些不可避免的沉没成本和调整成本，因此导致资源错配效应存在时间延续性；从融资约束与企业内资源错配的回归结果来看（列（1）～列（4）），结论与基本回归一致，融资约束对企业内资源错配存在非线性的影响效应，随着融资约束上升，企业内资源错配先下降后上升。列（5）、列（6）给出了相应的融资约束影响行业内资源错配的系统 GMM 估计结果，与前述结论也是一致的。

表 3.7　融资约束影响资源错配的系统 GMM 估计结果

解释变量	（1）	（2）	（3）	（4）	（5）	（6）
	miss1	miss1	miss2	miss2	ltfpr	ltfpr
L.miss1	0.280*** （0.030）	0.287*** （0.030）				
L2.miss1	0.014** （0.007）	0.015** （0.006）				
L.miss2			0.265*** （0.031）	0.272*** （0.030）		
L2.miss2			0.011 （0.006）	0.012** （0.006）		
L.ltfpr					0.329*** （0.019）	0.328*** （0.018）
L2.ltfpr					0.050*** （0.014）	0.049*** （0.014）
irate	−4.261** （1.703）	−10.56*** （3.677）	−0.540** （0.230）	−1.420*** （0.506）	2.438*** （0.823）	0.970 （1.983）
$irate^2$		77.17** （36.860）		11.14** （4.923）		−7.386 （18.990）
常数项	3.550*** （0.624）	3.650*** （0.558）	0.455*** （0.089）	0.469*** （0.081）	−0.696* （0.408）	−0.149 （0.394）
控制变量	控制	控制	控制	控制	控制	控制
行业	控制	控制	控制	控制	控制	控制
地区	控制	控制	控制	控制	控制	控制
时间	控制	控制	控制	控制	控制	控制
AR（1）	0.00	0.00	0.00	0.00	0.00	0.00
AR（2）	0.165	0.152	0.343	0.332	0.744	0.573
Hansen 检验	0.00	0.00	0.00	0.00	0.00	0.00
样本容量	58 958	58 958	58 958	58 958	58 958	58 958
企业数	40 110	40 110	40 110	40 110	40 110	40 110

注：表中括号内数值为相应估计系数的标准误；表中 L.和 L2.分别表示相应变量的一阶、二阶滞后项；AR 检验表示残差项的自相关性检验，以确定选择合适的滞后项作为工具变量，表中相应的数据表示检验的 *P* 值；Hansen 检验为工具变量有效性检验，相应的数值为其检验的 *P* 值

***、**、*分别表示在 1%、5%、10%的显著性水平上显著不为 0

3.5 本 章 小 结

本章基于 Hsieh 和 Klenow（2009）、张佩和马弘（2012）等的模型，分析了融资约束与企业内、行业内资源错配的理论关联，并利用中国工业企业数据库 1998～2007 年数据，构建了企业内及行业内资源错配指标，以企业融资成本指标作为融资约束的代理变量，建立计量模型实证分析了融资约束对资源错配的影响。研究发现，融资约束与企业内、行业内资源错配呈现非线性的关系，随着融资约束的上升，企业内和行业内的资源错配程度将会先下降后增加。根据企业所有制类型、行业类型、地区分布进行异质性分析，结果表明相对于非国有企业，国有企业面临更高的融资约束临界值；融资约束对劳动密集型行业存在显著的企业内错配效应，而对行业内错配的影响主要表现在资本密集型行业，东部和中西部样本中融资约束对企业内和行业内错配的影响存在差异；考虑到模型估计的内生性以及资源错配效应的时间延续性等问题后，采用系统 GMM 方法进行回归估计，仍然发现融资约束对企业内资源错配存在非线性的影响。从研究的政策启示而言，一方面，考虑到融资约束与资源错配间的非线性关系，应继续深化对现有金融体系的改革，缓解企业面临的融资约束，促进要素的流动和有效使用，提高资源配置效率；另一方面，企业资产负债率、营利能力及其面临的实际税率等因素均对要素配置效率具有影响，因此在优化要素配置过程中，要注重相关政策之间的配套和协调，除了关注融资约束的缓解，也应该切实通过降低企业杠杆、实际税负等，提高企业营利能力等多种手段促进要素配置效率的提升。

第 4 章　融资约束影响出口边际研究

4.1　引　　言

改革开放特别是加入世界贸易组织（World Trade Organization，WTO）以来，我国出口贸易发展迅速，出口贸易规模不断扩大，出口贸易额由 1978 年的 97.5 亿美元增长到 2001 年的 2661.5 亿美元，年均增速为 15.5%；而到 2015 年达到 2.27 万亿美元，2001～2015 年的年均增速为 16.5%。但我国出口快速增长的背后存在诸多问题，贸易结构以加工贸易为主，出口产品结构单一，出口产品种类过于集中，这种“以量取胜”的集约型增长贸易模式易受到外部市场的冲击，不利于出口贸易的持续稳定发展。2008 年以来由于国际金融危机的影响，全球金融系统和融资渠道紧缩，加剧了我国企业融资难的状况，同时我国出口外部需求下降，出口贸易形势开始出现逆转，出口增速减缓，2009 年进出口贸易出现负增长。2015 年《国务院关于加快培育外贸竞争新优势的若干意见》指出，要主动适应经济新常态，着力调整优化贸易结构、转变外贸发展方式，提升我国外贸在全球价值链中的地位，提高外贸增长的质量和效益，实现外贸持续健康发展；党的十九大报告进一步提出要“推进贸易强国建设”，“加快培育国际经济合作和竞争新优势”。[①] 而改善企业融资约束对于促进出口贸易增长和质量提升具有重要作用。本章通过对我国制造业出口贸易增长进行三元边际分解，细化出口贸易增长结构，实证研究融资约束对我国制造业出口增长的影响，深入分析融资约束影响出口贸易结构的具体路径及效应，为优化出口贸易结构，转变出口贸易方式，推动我国出口贸易经济持续增长提供政策依据。

企业异质性贸易理论从出口二元边际（扩展边际和集约边际）的视角解释出口贸易的增长，认为出口增长不仅来自现有产品出口规模的扩大，而且来自出口产品种类的扩大和出口市场的扩张。许多研究分别从国家层面、企业层面以及行业层面，基于出口二元边际的分解来解释出口贸易的增长（Helpman et al.，2008；Melitz，2003；Hummels and Klenow，2005）。此外，Hummels 和 Klenow（2005）进一步从产品视角将出口集约边际分解为数量边际和价格边际，进一步将二元边

① 习近平：决胜全面建成小康社会 夺取新时代中国特色社会主义伟大胜利——在中国共产党第十九次全国代表大会上的报告，http://www.xinhuanet.com/politics/19cpcnc/2017-10/27/c_1121867529.htm.

际的分解模式拓展成为三元边际的分解模式，更清晰地描绘了集约边际的增长路径；施炳展（2010）基于此方法测算了中国出口增长的三元边际，但忽视了中国不同行业的差异性。细分所有制造业行业进行出口三元边际的分解对于理解制造业出口贸易结构、促进贸易增长方式升级是十分必要的。

在对出口贸易增长进行分解的基础上，大量研究探讨了出口边际的影响因素，主要包括贸易成本、融资约束、汇率制度、外部冲击与其他因素等（钱学锋，2008；Manova，2008；Berman et al.，2012；Bernard et al.，2009；张杰和郑文平，2015）。而关于融资约束与出口边际的研究，学者主要从外部资金规模限制与流动性约束等方面来衡量融资约束，认为融资约束对出口扩展边际具有抑制作用。Chaney（2005b）认为由于流动性约束的存在，企业无法获得充足的外部资金，即使企业达到了出口的临界生产率水平，其内部资金也无法弥补出口成本，因而企业无法进入出口市场。Muûls（2008）综合考虑了内部资金和外部融资对出口的影响，认为融资约束是影响出口扩展边际的一个重要决定因素，企业具有较高的生产率或者较多的抵押资产均有助于企业获得较多的外部融资从而克服出口固定成本，成功出口。Melitz（2003）的生产率效应模型与 Kugler 和 Verhoogen（2012）的质量效应模型探讨了融资约束对价格边际的影响机制。生产率效应模型假设融资约束趋紧会抑制企业生产率，企业需要承担更高的边际成本，因此需要制定较高的出口价格，从而影响企业出口的价格边际。Secchi 等（2012）通过研究发现受融资约束的企业会以较高的价格在出口市场上销售产品。而 Kugler 和 Verhoogen（2012）的质量效应模型认为受融资约束的影响，企业无法负担提高质量带来的一系列额外成本，因此，这些企业会选择以低价格出口低质量的产品。Phillips 和 Sertsios（2013）认为融资困境可能导致企业进行次优选择，生产低质量的产品，从而降低产品的出口价格。Fan 等（2015a）将质量选择和融资约束同时纳入 Melitz（2003）模型，从质量效应和生产率效应两个维度阐述了融资约束对出口价格的影响机制，并采用中国企业层面的数据进行实证分析，研究表明面临信贷约束的企业会选择生产低质量的产品并以较低的价格进行出口。

综上，已有文献研究了融资约束对出口二元边际（扩展边际和集约边际）的影响，但集约边际可以进一步区分为数量边际和价格边际，目前并没有文献基于出口三元边际的视角研究融资约束对出口增长的影响。本章采用 2000～2013 年我国 25 个制造业行业与 117 个贸易伙伴国或地区的双边贸易数据，对我国制造业行业出口增长进行三元边际分解，研究我国制造业出口增长的内在结构特征，发现我国制造业出口增长主要沿集约边际推进，而其中又以数量边际起主导作用；同时根据融资约束来源的差异，从外部融资约束和内部融资约束两个层面探讨其对出口扩展边际、价格边际及数量边际的影响，深入分析融资约束对我国出口贸易结构的影响路径并提出相应的政策建议。

4.2 制造业出口三元边际的测度方法及数据

4.2.1 出口三元边际的测度方法

本节基于 Hummels 和 Klenow（2005）、施炳展（2010）的方法，将我国制造业行业的出口增长分解为扩展边际和集约边际，并进一步将集约边际分解为数量边际和价格边际。扩展边际 EM 为

$$\mathrm{EM}_{kcm}=\frac{\sum_{i\in I_{kcm}} p_{rmi}\times q_{rmi}}{\sum_{i\in I_{krm}} p_{rmi}\times q_{rmi}} \tag{4.1}$$

其中，c、r、m 分别表示对象国、参考国和出口目的国；k 表示出口行业；i 表示产品种类；p、q 分别表示每一产品的单位价值和数量；I_{kcm}、I_{krm} 分别表示对象国 c 和参考国 r 向 m 国出口 k 行业的产品种类集合，本章研究中国制造业行业，参考对象为整个世界，这样 I_{kcm} 就是 I_{krm} 的子集（施炳展，2010）。式（4.1）表示在中国出口到 m 国的 k 行业的产品种类集合中世界出口到 m 国贸易额与世界出口到 m 国的 k 行业的产品种类集合中世界出口到 m 国贸易额的比重。注意到这里分子分母中计算的都是世界出口到 m 国的贸易额，但对应的产品种类集合不一样。该比值取值范围介于 0 到 1 之间，值越大，意味着行业内产品出口的重合程度越高，这说明了中国 k 行业在出口产品种类上实现了增长，从而扩展边际越大。集约边际 IM 为

$$\mathrm{IM}_{kcm}=\frac{\sum_{i\in I_{kcm}} p_{cmi}\times q_{cmi}}{\sum_{i\in I_{kcm}} p_{rmi}\times q_{rmi}} \tag{4.2}$$

式（4.2）表示在 k 行业内中国与世界出口到 m 国的重合产品中，中国出口额占世界出口额的比重，其取值范围介于 0 到 1 之间。该值越大，意味着在相同的产品种类上中国 k 行业出口额增加，从而集约边际越大。这样 c 国 k 行业出口占世界总出口的市场份额 RTEX 可以分解为

$$\mathrm{RTEX}_{kcm}=\frac{\sum_{i\in I_{kcm}} p_{cmi}\times q_{cmi}}{\sum_{i\in I_{krm}} p_{rmi}\times q_{rmi}}=\mathrm{EM}_{kcm}\times \mathrm{IM}_{kcm} \tag{4.3}$$

进一步将集约边际（IM）分解为数量边际（QM）和价格边际（PM），其中数量边际为

$$\mathrm{QM}_{kcm}=\prod_{i\in I_{kcm}}\left(\frac{q_{cmi}}{q_{rmi}}\right)^{w_{cmi}} \tag{4.4}$$

式（4.4）表示 k 行业中国相对于世界对 m 国出口的数量指数，其中，权重 $w_{cmi}=\dfrac{\dfrac{s_{cmi}-s_{rmi}}{\ln s_{cmi}-\ln s_{rmi}}}{\sum_{i\in I_{kcm}}\dfrac{s_{cmi}-s_{rmi}}{\ln s_{cmi}-\ln s_{rmi}}}$，其中 s_{cmi}、s_{rmi} 分别表示 c 国、r 国 k 行业第 i 种产品出口所占的比重，定义为 $s_{cmi}=\dfrac{p_{cmi}\times q_{cmi}}{\sum_{i\in I_{kcm}}p_{cmi}\times q_{cmi}}$，$s_{rmi}=\dfrac{p_{rmi}\times q_{rmi}}{\sum_{i\in I_{kcm}}p_{rmi}\times q_{rmi}}$。因此，价格边际为

$$\mathrm{PM}_{kcm}=\mathrm{IM}_{kcm}/\mathrm{QM}_{kcm} \tag{4.5}$$

在此基础上，将 c 国 k 行业出口占世界总出口的市场份额 RTEX 表示为

$$\mathrm{RTEX}_{kcm}=\mathrm{EM}_{kcm}\times\mathrm{IM}_{kcm}=\mathrm{EM}_{kcm}\times\mathrm{QM}_{kcm}\times\mathrm{PM}_{kcm} \tag{4.6}$$

进一步，为了得到某一行业出口三元边际的整体情况，需要把同一行业对不同市场的出口边际分别进行合并，计算方法如下：

$$\mathrm{EM}_{kc}=\prod\nolimits_{m\in M_{-c}}(\mathrm{EM}_{kcm})^{\alpha_{cm}} \tag{4.7}$$

$$\mathrm{IM}_{kc}=\prod\nolimits_{m\in M_{-c}}(\mathrm{IM}_{kcm})^{\alpha_{cm}} \tag{4.8}$$

$$\mathrm{QM}_{kc}=\prod\nolimits_{m\in M_{-c}}(\mathrm{QM}_{kcm})^{\alpha_{cm}} \tag{4.9}$$

$$\mathrm{PM}_{kc}=\prod\nolimits_{m\in M_{-c}}(\mathrm{PM}_{kcm})^{\alpha_{cm}} \tag{4.10}$$

其中，α_{cm} 表示我国 k 行业对 m 国出口占 k 行业总出口额的比重；M_{-c} 表示我国之外的所有进口市场的集合。

4.2.2　数据来源及处理

本章计算采用的原始数据为 2000～2013 年 117 个国家 HS-6 位码（1992 版）双边贸易数据，选取了 HS-6 位码中属于制造业行业的 4504 种产品，数据来源于联合国商品贸易统计数据库（United Nations Comtrade Database）。贸易总额利用美国所有城市居民的消费者物价指数①进行平减，以 2000 年为基期。出口单位价格通过贸易总额除以净重得到，之所以采用净重的数据而不是产品数量值是因为衡量净重的单位一致，便于计算和比较。少数国家或地区的某种产品编码没有对应的产品数量，首先计算该产品当年的世界平均价格，再使用世界平均年价格替代该产品的单位价格，然后用世界出口总价值除以单位价格算出其出口数量。

① 参照施炳展（2010）的处理方法，数据来源于美国劳工部。

根据联合国《所有经济活动的国际标准产业分类》(International Standard Industrial Classification of all Economic Activities)修订本第 2 版(简称 ISIC Rev.2)关于制造业行业的三位数编码，这里将制造业合并区分为 25 个行业，并根据 Haveman 主页[①]上关于 HS-6 位数产品与 ISIC 行业的对应表，整理出 HS-6 位数商品代码与 25 个 ISIC 行业的对应关系；进一步将 ISIC 分类的制造业行业与我国国民经济行业标准分类的制造业行业进行对应，同时考虑到数据的可获得性，对部分行业进行合并，从而得到行业之间具体对应关系，如表 4.1。

表 4.1　所选择的 ISIC 行业与我国制造业行业的对应关系表

ISIC 代码	ISIC 行业中英文名称	国民经济行业代码及名称	文中简称
311	食品 Food products	13 农副食品加工业 14 食品制造业	食品加工
313	饮料 Beverages	15 饮料制造业	饮料制造
314	烟草 Tobacco	16 烟草制品业	烟草制造
321	纺织品 Textiles	17 纺织业	纺织业
322	服装（不包括鞋类）Wearing apparel，except footwear	18 纺织服装、鞋、帽制造业	纺织服装、鞋类等
324	鞋类，不包括橡胶或者塑料制品 Footwear，except rubber or plastic		
323	皮革制品 Leather products	19 皮革、毛皮、羽毛（绒）及其制品业	皮革及相关制品
331	木制品，不包括家具 Wood products，except furniture	20 木材加工和木、竹、藤、棕、草制品业	木材加工及相关制品
332	家具，不包括以金属为主的家具 Furniture，except metal	21 家具制造业	家具制造
341	纸及纸制品 Paper and products	22 造纸及纸制品业	造纸及纸制品
342	印刷及出版 Printing and publishing	23 印刷业和记录媒介的复制	印刷出版
351	工业化学制品 Industrial chemicals	26 化学原料及化学制品制造业	化学制品
352	其他化学制品 Other chemicals	27 医药制造业 28 化学纤维制造业	其他化学制品
353	精炼石油制造业 Petroleum refineries	25 石油加工、炼焦及核燃料加工业	石油加工等
354	石油及煤等杂项制品 Miscellaneous petroleum and coal product		
355	橡胶制品 Rubber products	29 橡胶制品业	橡胶制品

① http://www.macalester.edu/research/economics/page/haveman/Trade.Resources/tradeconcordances.html.

续表

ISIC 代码	ISIC 行业中英文名称	国民经济行业代码及名称	文中简称
356	塑料制品 Plastic products	30 塑料制品业	塑料制品
361	陶瓷及砖瓦制品 Pottery，china and earthenware	31 非金属矿物制品业	玻璃、陶瓷及相关制品
362	玻璃及其相关制品 Glass and glass products		
369	其他非金属制品 Other non-metallic products	24 文教体育用品制造业	其他非金属制品
371	钢铁制品 Iron and steel	32 黑色金属冶炼及压延加工业	钢铁制品
372	有色金属 Non-ferrous metals	33 有色金属冶炼及压延加工业	有色金属
381	金属制品 Fabricated metal products	34 金属制品业	金属制造
382	机械设备，不包括电器 Machinery，except electrical	35 通用设备制造业 41 仪器仪表及文化、办公用机械制造业	机械设备等
383	电子机械 Machinery，electric	39 电器机械及器材制造业 40 通信设备、计算机及其他电子设备制造业	电子机械等
384	交通运输设备 Transport equipment	37 交通运输设备制造业	交通运输设备
385	专业、科学及控制用仪器及器具 Professional and scientific equipment	36 专用设备制造业	专用设备
390	其他制造 Other manufactured products	42 工艺品及其他制造业 43 废弃资源和废旧材料回收加工业	其他制造

4.3　我国制造业出口三元边际变化的特征分析

根据前文出口三元边际分解方法，对我国 2000～2013 年制造业出口贸易增长进行边际分解，结果见表 4.2。可以发现，我国制造业出口增长主要依赖于集约边际，尤其是数量边际起主导作用。如表 4.2 第 2 列所示，加入 WTO 以来，我国制造业出口份额一直稳步上升，从 2000 年的 6.51%增长到 2013 年的 20.94%，年均增速为 9.4033%。但从出口三元边际的分解来看，我国制造业出口的扩展边际增长趋势平缓，年均增速仅为 0.3083%，集约边际总体上稳步上升，年均增速达到 9.0675%，集约边际对制造业出口增长的贡献远大于扩展边际。同时，价格边际在样本期间有小幅波动，增速平缓，年均增速仅为 0.0715%，数量边际总体上呈快速上升趋势，年均增速为 10.0931%。因此，我国制造业出口增长主要贡献依赖于集约边际，其中以数量边际为主导。此外，我国出口扩展边际均在 0.82 之上，接近于 1，绝对值处于高位，且 2007 年之前表现为上升趋势，2008 年以后存在小幅波动并趋于下降，表明我国制造业出口虽然具有出口种类较为齐全的特征，但是依赖于特定的产品或市场，出口抗风险能力不强，易受特定市场冲击和经济冲击的影响。价格边际总体增速十分缓慢，从其数值大小来看，也都小于 1，说明我国制造业出口商品的价格低于世界平均水平，而价格通常被作为质量的替代指标（樊海潮和郭光远，2015），这在一定程度上表明我国出口产品的质量较低，国际竞争力偏低。数量边际从 2000 年的 0.0734 到 2013 年的 0.2562，总体增长了将近 3.5 倍，但是，数量边际的增长速度并不均匀，增速总体趋于下滑。随着我国人口红利的逐渐消失，以及出口需求拉动减缓，我国制造业出口的比较优势逐渐减弱，我国以数量边际为主的粗放型出口增长难以为继。因此，要推动我国出口的持续增长需要进一步优化制造业出口贸易结构，逐步转为以扩展边际和价格边际为主的品质型增长。

表 4.2　样本期间我国制造业出口的三元边际分解

时间	RTEX	EM	IM	PM	QM
2000	0.0651	0.8304	0.0784	0.8457	0.0734
2001	0.0734	0.8285	0.0886	0.8208	0.1074
2002	0.0861	0.8519	0.1011	0.8799	0.1119
2003	0.0990	0.8587	0.1153	0.9014	0.1171
2004	0.1106	0.8676	0.1274	0.9697	0.1213
2005	0.1239	0.8828	0.1404	0.9697	0.1521
2006	0.1365	0.8864	0.1540	0.9681	0.1589
2007	0.1477	0.8884	0.1662	0.9092	0.1638
2008	0.1528	0.8776	0.1741	0.9488	0.1632
2009	0.1619	0.8786	0.1843	0.9132	0.1885
2010	0.1712	0.8769	0.1953	0.7926	0.2590
2011	0.1765	0.8792	0.2007	0.8148	0.2607
2012	0.1944	0.8733	0.2226	0.7622	0.2893
2013	0.2094	0.8643	0.2423	0.8536	0.2562
增速/%	9.4033	0.3083	9.0675	0.0715	10.0931

进一步对我国制造业各细分行业出口增长进行三元边际分解，具体见表 4.3。可以发现，不同制造业行业出口增长的三元边际存在较大差异性。我国制造业的大多数行业的出口三元边际表现出上升趋势。具体来看，我国制造业各行业出口扩展边际在数值和增速上具有不同的特征，就数值来看，扩展边际最大为家具制

造行业，其值趋近于 1，几乎是扩展边际最小的有色金属业的 2 倍；就增速来看，除了食品加工和有色金属行业，其他各行业出口的扩展边际增速均为正，其中造纸及纸制品行业的增速最大。除了纺织服装、鞋类等行业、电子机械等行业以及纺织业的出口价格边际大于 1，其他各行业的出口价格边际均小于 1，说明我国制造业大部分行业出口的价格水平低于世界平均出口价格水平；就出口价格边际的增速来看，除了家具制造以及纺织服装、鞋类等少数几个行业的出口价格边际增速为负，大部分行业出口的价格边际处于上升趋势。虽然我国制造业各行业（饮料制造行业除外）的数量边际的绝对值均比较小，但是多数行业出口的数量边际增速较大，其中增速超过 10%的行业分别有家具制造，橡胶制品，玻璃、陶瓷及相关制品，纺织服装、鞋类等，皮革及相关制品，电子机械等，纺织业，其他制造以及饮料制造行业。

表 4.3　样本期间我国制造业各行业的出口三元边际分解

制造业行业简称	EM	增速/%	PM	增速/%	QM	增速/%
家具制造	0.995	0.038	0.955	–0.418	0.312	12.894
印刷出版	0.979	0.104	0.452	6.539	0.293	1.019
塑料制品	0.970	0.224	0.638	2.294	0.354	4.743
橡胶制品	0.967	0.419	0.714	–0.945	0.166	10.73
金属制造	0.965	0.359	0.562	4.132	0.362	4.916
玻璃、陶瓷及相关制品	0.953	0.768	0.574	3.532	0.331	11.412
纺织服装、鞋类等	0.946	0.427	1.311	–5.007	0.400	10.008
石油加工等	0.942	0.607	0.951	–0.707	0.06	4.731
其他非金属制品	0.924	0.173	0.754	5.273	0.309	2.661
机械设备等	0.916	0.583	0.777	2.255	0.211	9.539
皮革及相关制品	0.901	0.756	0.907	–3.192	0.412	12.537
电子机械等	0.896	0.532	1.18	–0.191	0.186	13.695
纺织业	0.890	1.011	1.116	–2.646	0.367	10.602
其他化学制品	0.870	0.798	0.432	1.633	0.095	2.637
专用设备	0.866	0.668	0.917	1.103	0.155	9.954
其他制造	0.866	0.498	0.898	0.189	0.354	13.132
饮料制造	0.844	2.054	0.508	4.909	1.522	10.562
化学制品	0.821	1.667	0.680	1.044	0.122	6.464
木材加工及相关制品	0.806	0.527	0.902	2.120	0.164	3.801

续表

制造业行业简称	EM	增速/%	PM	增速/%	QM	增速/%
造纸及纸制品	0.789	2.322	0.86	3.542	0.097	4.867
钢铁制品	0.780	1.759	0.755	5.034	0.205	1.620
烟草制造	0.721	1.143	0.879	2.849	0.230	5.244
交通运输设备	0.655	1.034	0.701	0.83	0.091	2.29
食品加工	0.545	−1.563	0.953	2.321	0.180	−1.189
有色金属	0.508	−2.959	0.944	−0.079	0.165	4.074

4.4 融资约束影响出口三元边际的计量模型与实证

4.4.1 模型设定及变量说明

参考孔祥贞等（2013）、Nagaraj（2014）等的研究，同时考虑到出口行为可能受上一期出口决策的影响，因此在模型中加入被解释变量的滞后一期，来探讨不同的融资约束程度对出口三元边际的影响。计量模型如下：

$$\ln Y_{kt} = \alpha_0 + \alpha_1 \ln Y_{kt-1} + \alpha_2 \ln \mathrm{FC}_{kt} + \alpha_3 \mathrm{CV}_{kt} + e_{kt} \tag{4.11}$$

其中，下标 k 表示行业；t 表示年份；因变量 Y_{kt} 分别以行业 k 在 t 年出口的扩展边际（EM）、价格边际（PM）和数量边际（QM）来代替，Y_{kt-1} 表示因变量的 Y_{kt} 的一期滞后项；FC_{kt} 表示行业 k 在 t 年的融资约束，包括外部融资约束和内部融资约束；CV 表示其他控制变量。

考虑到外部资金规模限制和流动性约束，本章从外部环境和内部特征两个视角来衡量融资约束。外部融资约束是指由于资本市场的不完善，企业无法支付过高的外部融资成本导致无法筹集到外部资金（Manova，2013）。借鉴 Manova 等（2015）、Fan 等（2015a）研究，采用商业信贷约束度量外部融资约束，以该行业的应收账款与总资产的比重的对数值（lncc）来表示，该值越高表明该行业的商业信贷能力越强。商业信贷约束比较合适地衡量了企业的外部融资状况，因为贸易信贷不仅能够促进资金合理配置，而且能促使资金从容易融资的企业流向较难融资的企业，同时，商业信贷也能促进我国大部分企业快速发展。内部融资约束主要体现在企业在生产经营过程中由于内部资金不足致使企业自身资金的流动性受到限制，这里采用利润总额与总资产的比率的对数值（lnic）来测度，该值越高，企业受内部融资约束的程度越低。

其他控制变量包括全要素生产率、资本密集度、研发支出、行业规模等。①全要素生产率。根据新新贸易理论，企业只有达到临界生产率才有可能成功出口，且生产率对出口扩展边际、出口价格与出口数量有重要影响（Nagaraj，2014；Fan et al.，2015a），这里采用索洛残差法计算各行业的全要素生产率（tfp）。②资本密集度。要素禀赋理论认为生产要素密集度是影响出口决策的重要因素，这里采用人均固定资产来衡量各行业资本与劳动的相对禀赋差异（ci）。③研发支出。研发能够改变一国在出口市场中的比较优势，有助于提升出口竞争力，这里采用各行业的内部研发支出费用占总资产的比重来衡量研发要素的支出程度（rd）。④行业规模。根据新贸易理论，规模经济有助于实现产品规格的标准化，有助于出口增长，这里采用我国制造业各行业的总资产来表示行业规模（size）。所有控制变量进入模型均采用其自然对数形式。

计算内外部融资约束的原始数据来源于 2000～2014 年的《中国工业统计年鉴》，其中，总资产和固定资产分别采用工业品出厂价值指数和固定资产价格指数进行平减，以 2000 年为基期；计算全要素生产率、资本密集度的原始数据来源于 2000～2014 年的《中国工业统计年鉴》，计算研发支出的原始数据来源于 2000～2014 年的《中国科技统计年鉴》。表 4.4 显示的是各变量的描述性统计。

表 4.4　各变量的描述性统计

变量	样本数	均值	标准差	最小值	最大值
扩展边际（lnEM）	350	−0.1926	0.3374	−3.9356	−0.0014
价格边际（lnPM）	350	−0.2811	0.4538	−4.1751	0.6149
数量边际（lnQM）	350	−1.6146	0.7304	−3.4611	2.1416
外部融资约束（lncc）	350	−2.1729	0.4351	−3.4708	−1.3517
内部融资约束（lnic）	350	−2.8101	0.5979	−7.3719	−1.9406
资本密集度（lnci）	350	2.5566	0.8115	0.8454	5.4416
全要素生产率（lntfp）	350	−0.5902	0.5680	−1.8046	2.0504
研发支出（lnrd）	350	−2.4586	0.8502	−4.6201	0.5109
行业规模（lnsize）	350	8.7665	1.1511	5.8957	11.5307

4.4.2　实证结果分析

因为模型（4.11）中包含被解释变量的滞后项，同时考虑到出口行为可能影响融资约束从而导致采用 OLS（ordinary least squares，普通最小二乘法）方法估计模型存在内生性问题（余子良和佟家栋，2016），故采用系统 GMM 方法对式（4.11）进行估计。

1. 融资约束影响出口三元边际的基本回归分析

表 4.5 中列（1）～列（2）、列（3）～列（4）及列（5）～列（6）分别报告的是融资约束影响出口扩展边际、价格边际及数量边际的回归结果。根据表 4.5 中列（1）～列（2）回归结果，出口扩展边际的增长存在滞后效应，前期扩展边际的增长促进当期扩展边际。列（1）中外部融资约束指标（lncc）和列（2）中内部融资约束指标（lnic）的系数均在 1%水平上显著，内外部融资约束的缓解均有助于出口扩展边际的提升，这与陈继勇和刘骐豪（2015）的结论一致。一方面，受外部融资规模的约束，企业无法获得足够的资金去覆盖出口固定成本；另一方面，受自身留存收益的制约，生产率不高导致企业没有足够的留存收益用来弥补出口成本，这两方面的共同作用导致企业面临出口固定成本约束，难以进入出口市场，或者出口的产品种类数量减少，从而抑制了出口扩展边际的增长。

表 4.5　融资约束影响出口三元边际的回归结果

变量	扩展边际 EM		价格边际 PM		数量边际 QM	
	（1）	（2）	（3）	（4）	（5）	（6）
L.lnEM	0.058*** （0.004）	0.014*** （0.002）				
L.lnPM			–0.578*** （0.010）	–0.583*** （0.003）		
L.lnQM					0.274*** （0.013）	0.268*** （0.019）
lncc	0.084*** （0.018）		0.155*** （0.052）		0.382*** （0.051）	
lnic		0.168*** （0.012）		–0.225*** （0.026）		0.154*** （0.039）
lntfp	–0.159*** （0.008）	–0.266*** （0.010）	0.167*** （0.037）	0.268*** （0.030）	0.300*** （0.043）	0.140*** （0.054）
lnci	–0.016** （0.007）	–0.030*** （0.005）	–0.119*** （0.026）	–0.037** （0.017）	–0.132*** （0.024）	–0.258*** （0.013）
lnrd	–0.053*** （0.004）	–0.036*** （0.007）	–0.093*** （0.011）	–0.103*** （0.013）	–0.182*** （0.014）	–0.211*** （0.014）
lnsize	0.035*** （0.006）	0.028*** （0.006）	0.108*** （0.016）	0.067*** （0.025）	0.073** （0.031）	0.086*** （0.020）
常数	–0.488*** （0.045）	–0.138* （0.082）	–0.884*** （0.178）	–1.665*** （0.292）	–0.885*** （0.231）	–1.288*** （0.245）
观测值	325	325	325	325	300	300
AR（1）	0.048	0.043	0.095	0.077	0.219	0.225

续表

变量	扩展边际 EM		价格边际 PM		数量边际 QM	
	（1）	（2）	（3）	（4）	（5）	（6）
AR（2）	0.322	0.321	0.285	0.282	—	—
Hansen 检验	0.991	0.834	0.585	0.544	0.904	0.635

注：L.表示相应变量的一期滞后项；估计参数下面括号内的数值为系数的标准误；AR（1）、AR（2）表示残差项的一阶、二阶自相关性检验，Hansen 检验表示工具变量的过度识别约束检验，相应的数字表示检验的 p 值

*、**、***分别表示估计系数在 10%、5%、1%的显著性水平上统计显著

内外部融资约束对出口价格边际的影响存在差异性。由表 4.5 可知，列（3）中商业信贷指标（lncc）的系数为 0.155，并且在 1%水平上统计显著，外部融资约束的缓解能够有效提高出口产品价格，与 Fan 等（2015a）的结论一致。Fan 等（2015a）认为融资约束会降低企业出口价格是因为质量效应的主导作用导致可变成本和固定成本之间配置不当，从而引起出口价格扭曲，因此融资约束的缓解有助于促进出口产品价格的提升。列（4）中内部融资约束指标（lnic）的系数为–0.225，内部融资约束的缓解降低了出口的价格边际。

内外部融资约束的缓解促进出口的数量边际。表 4.5 列（5）中代表外部融资能力的商业信贷能力的指标（lncc）的系数为 0.382，且在 1%水平上统计显著，说明企业面临的外部融资约束较小，可变成本压力得到减轻，有助于企业扩大生产规模，增加贸易流量，提高数量边际，这与 Chor 和 Manova（2012）的结论类似。列（6）中代表内部融资能力的指标（lnic）的系数为 0.154，企业内部资金约束越小，表明企业自身留存收益越充足，较易克服出口可变成本。因此，不管是外部融资约束还是内部融资约束的缓解都有助于提高出口数量边际。

控制变量中，生产率变量（lntfp）对出口扩展边际的系数为负，对价格边际和数量边际的系数均为正，这表明生产率对出口扩展边际的影响存在“生产率悖论”现象，而生产率的提升对出口价格和出口数量有显著的促进作用。代表资本密集度的指标（lnci）的回归系数均为负，说明资本密集度越低，越有助于我国制造业出口三元边际的提升，这可以由我国制造业仍处于加工贸易阶段，主要依赖劳动力比较优势的现状得到解释。代表研发支出的指标（lnrd）的系数为负，这说明研发支出的提高并没有对出口边际扩大起到积极作用。一般认为研发支出有助于出口增长，而罗长远和季心宇（2015）通过研究发现在融资约束条件下，企业需要权衡研发和出口，两者之间可能产生负向影响。行业规模（lnsize）与出口三元边际显著正相关，说明行业规模越大越有利于促进出口的三元边际。

2. 分行业区分要素密集度的回归结果分析

我国劳动力资源丰富，根据要素禀赋理论，我国在劳动密集型行业具有比较

优势，那么这种比较优势是否在我国制造业出口的增长路径中得到凸显呢？根据行业的要素密集度将所有制造业行业进行区分，进一步探讨要素密集度不同的行业，内外部融资约束如何影响其出口边际。本节将 25 个制造业行业按要素密集度分为劳动密集型和资本密集型行业①，分别检验了外部融资约束和内部融资约束对出口三元边际的影响，表 4.6 给出了对于不同要素密集行业，仅包含被解释变量的滞后项以及内外部融资约束变量的回归结果，各模型依然采用系统 GMM 方法进行估计，采用 AR 检验、Hansen 检验分别进行残差项的自相关性检验和工具变量的过度识别约束检验。从表 4.6 可以看出，不管是在资本密集型行业还是在劳动密集型行业，内外部融资约束的改善均有助于提升出口的扩展边际和数量边际，而对出口价格边际的影响存在差异；不同融资约束对出口三元边际的影响程度因要素密集度不同有所差异。对于劳动密集型行业，内外部融资约束的改善显著促进了出口扩展边际和数量边际，但对价格边际的影响效应不明显；但对于资本密集型行业，外部融资约束对于出口扩展边际和数量边际的回归系数尽管为正但不显著，而内部融资约束的缓解对于出口扩展边际和数量边际则有显著的正向效应，但不利于价格边际的提升。

表 4.6　分行业内外部融资约束影响出口三元边际的回归结果

项目	被解释变量	劳动密集型行业			资本密集型行业		
		EM	PM	QM	EM	PM	QM
		（1）	（2）	（3）	（4）	（5）	（6）
外部融资约束的影响效应	L.lnEM	0.402*** （0.048）			0.990*** （0.014）		
	L.lnPM		0.314*** （0.034）			0.491*** （0.016）	
	L.lnQM			0.654*** （0.013）			0.366*** （0.015）
	lncc	0.306*** （0.045）	0.017 （0.049）	0.134*** （0.024）	0.006 （0.017）	0.093 (0.026)	0.160 （0.115）
内部融资约束的影响效应	L.lnEM	0.009* （0.004）			0.611*** （0.069）		
	L.lnPM		0.332*** （0.108）			0.566*** （0.134）	
	L.lnQM			0.580*** （0.025）			0.057*** （0.021）
	lnic	0.019*** （0.006）	–0.053 （0.034）	0.111** （0.053）	0.021*** （0.008）	–0.278* （0.158）	0.241*** （0.030）

注：L.表示相应变量的一期滞后项；估计参数下面括号内的数值为系数的标准误

***、**、*分别表示估计系数在 1%、5%、10%的显著性水平上统计显著

① 借鉴鲁桐和党印（2014）的分类方法，以生产要素中固定资产的重要程度为基准，固定资产比重较大的则划分为资本密集型行业，否则为劳动密集型行业。

4.5 本章小结

有效缓解企业融资约束，破解企业“融资难、融资贵”的问题，是推动我国出口贸易平稳增长、促进贸易结构转型升级的重要举措。本章将我国制造业出口增长分解为扩展边际、价格边际和数量边际，考察我国出口边际变化特征及其内在原因，进一步建立计量模型，采用我国制造业行业面板数据，实证研究内外部融资约束对我国制造业出口边际的影响。研究表明，从出口增长的结构分析来看，我国制造业出口增长表现为以数量边际增长为主导的粗放型增长方式；融资约束对出口三元边际具有显著的影响，内外部融资约束的缓解有助于出口扩展边际的提升，内外部融资约束对出口价格边际具有不同的影响，降低内外部融资约束程度能够提高出口数量边际。

本章研究结论对于促进我国出口贸易结构升级和增长方式转变具有重要的政策含义。首先，应进一步鼓励自主创新，加快优化我国制造业出口贸易结构，实施产品多样化和市场多元化战略，注重产品质量提升，推动我国制造业出口增长向以扩展边际或价格边际为主的品质型方式转变，改善制造业出口贸易条件（Hummels and Klenow，2005）。其次，加快金融体制改革的步伐，创造有利的外部融资环境。外部融资环境的改善是优化我国制造业出口贸易结构的重要方面。政府在积极引导各类金融机构加大对各类企业（尤其是中小企业）创新支持的基础上，也应加快完善金融监管体制，规范金融市场秩序；各类金融机构应不断提高融资服务的质量与效率，充分发挥市场配置资源的作用，创造出良好的融资环境及多元化的融资渠道。最后，企业应加强自身管理，优化内部融资结构。在我国大力推进股票、债券市场改革的背景下，企业应当抓住机遇提高直接投资的比重，优化企业内部机制，注重财务管理，优化企业内部融资结构。内部融资结构的完善有助于企业出口发展，促进产品多样化与市场多元化，在维持稳定的出口收入的前提下改善出口贸易条件，提高抵抗外部冲击的能力。

第 5 章 融资约束影响出口企业产品加成率研究

5.1 引 言

2008 年金融危机后，我国出口贸易增长速度下降，2015 年和 2016 年出现了负增长，依靠低成本、低价格和低加成的传统竞争优势逐渐消逝（盛丹和王永进，2012）。我国亟须加快培育出口竞争新优势，提高出口产品市场定价能力和市场势力，其中重要的突破口之一就是提升出口产品加成率（Markup）。根据加成率的定义，加成率可以表示为价格与边际成本之比，产品加成率越高，表明产品定价能力越强，市场竞争力越高。同时，与发达国家比较，中国金融体系发展相对滞后，企业（尤其是民营企业）面临融资约束（林毅夫和孙希芳，2008）。许多研究发现，面临融资约束的企业往往无法支付用于出口的固定贸易成本（Melitz，2003），因而选择不出口，或者出口规模相对较小，当企业融资约束降低后，企业出口概率和出口规模均明显提高（文东伟和冼国明，2014）。由此可见，缓解融资约束是促进出口增长的一个有效渠道。目前尚缺乏直接探究融资约束影响出口产品加成率的文献；本章基于加成率的视角，从缓解融资约束中寻找提升中国企业出口产品竞争新优势的可靠途径。

加成率是产业经济学和微观经济中的一个重要概念，它反映了市场的竞争程度、企业的市场势力。根据加成率的定义，由于边际成本不可观测，加成率并不总是易于估计。在早期研究中，一些学者采用会计方法近似计算行业层面上的加成率（Domowitz et al.，1986；Tybout，2001），然而该种方法由于缺乏经济基础而受到抨击，Bresnahan（1987）强烈反对采用该种方法，因为会计利润和加成率在时间序列上没有严格的经济学意义。Hall（1988）基于 Solow（1956）生产函数，估计了反映产业市场力量的指标——加成率或称市场势力溢价，采用经济统计数据而不依赖于会计利润数据来对加成率进行测度，同时，这种方法是建立在新古典理论的基础上，因此它得到的估计参数都具有明确的经济意义。一些研究认为，这可以使得产业实证研究摆脱两个重要的困扰，即会计利润可以被人为调节、会计变量和经济学变量在具体指标意义上存在的差异（Martin，2001）。然而，Hall（1988）核心假设是市场规模报酬不变、市场势力在时序上保持不变、要素投入可以无成本调整等，这些假设相对于现实情况过于严苛。后来学者进一步放松此类假设，具体考虑了规模报酬递增以及要素投入调整成本问题，改进了 Hall 加成率的估计方法（Domowitz et al.，1988；Norrbin，1993；Roeger，1995）。但是 Hall 的方法及其修正方法仍然存在一个共同问题，即未能控制潜在的偏差：企业的生产率潜在地与企业的产出相关，并影响企业的要素投入决策。De Loecker 和 Warzynski（2012）在 Hall（1986）的基础上，在估计生产函数时，考虑了投入要素与不可观测生产率的相关性导致的内生性问题（Olley and Pakes，1996；Levinsohn and Petrin，2003；Ackerberg et al.，2007），使用企业层面的产出数据估算企业层面的加成率，该方法不依赖于任何市场结构和需求曲线的假设，得到了广泛的使用。正如行业层面加成率掩盖了企业之间的加成率差异，企业层面加成率也无法反映企业内不同产品的加成率差异。越来越多的文献发现多产品企业在国内生产以及国际贸易中均占据统治地位①。De Loecker 等（2016）将 De Loecker 和 Warzynski（2012）的方法拓展到多产品企业，解决了企业产品层面不可观测投入要素问题，估计了多产品企业产品加成率。Fan 等（2018）、祝树金等（2018）等借鉴这一方法，利用中国的数据估算了多产品企业出口产品加成率。

随着微观数据的可得性增强以及加成率测算方法的改进，诸多学者对加成率的影响因素进行了研究。这些影响因素可以归纳为：市场竞争（Melitz and Ottaviano，2008）；政策因素，包括出口退税（钱学锋等，2015）、关税削减（De Loecker et al.，2016）；企业市场行为，包括进出口（De Loecker and Warzynski，2012；盛丹和王永进，2012）、质量升级（许明和邓敏，2016）等方面。大量文献对融资约束的影响效应进行了研究，主要集中在对企业生产率（任曙明和吕镯，2014）、产品质量（张杰，2015）、出口二元边际（文东伟和冼国明，2014）等领域。与现有文献相比，本章主要从以下三个方面进行了拓展：①现有相关研究仅测算了企业层面加成率，本章借鉴和拓展 De Loecker 等（2016）的方法，测算了产品层面的加成率；目前直接研究我国融资约束与加成率关系的文献并不多，近期李思慧和徐保昌（2018）、李宏亮和谢建国（2018）等的研究主要基于企业层面，而本章则是基于企业–产品层面测度成本加成，研究了融资约束对企业内不同产品加成率的差异化影响机制和效应；②由于出口企业往往也是内销企业，本章使用中国工业企业数据库和中国海关统计数据库的匹配数据，测算得到企业产品在出口市场的加成率，能够直接衡量企业产品在出口市场的成本加成定价能力，反映其在出口市场的竞争力；③现有研究大多建立在单一产品企业的假设基础上，这与世界和中国多产品企业在生产和出口中占据统治地位的事实不相符合（Bernard et al.，2010；

① 对美国（Bernard et al., 2010）、中国（钱学锋等，2013）、比利时（Bernard et al., 2014）和印度（Goldberg et al., 2010）等国家的研究均发现多产品企业在国内生产或者国际贸易中均占据绝大部分份额。

钟腾龙等，2018），本章则以多产品出口企业为研究对象，能够有效揭示多产品企业内不同产品加成率调整行为，并反映企业内资源配置效应。

5.2　机制分析与研究假设

5.2.1　融资约束影响企业整体产品加成率的机制与研究假设

根据加成率定义，任何影响价格和边际成本的因素均会对加成率产生冲击。已有研究发现融资约束通过生产率和产品质量等途径影响企业边际成本和产品价格，本节基于这一理论框架（图 5.1），分析融资约束影响加成率的作用机制，并提出待检验的研究假设。

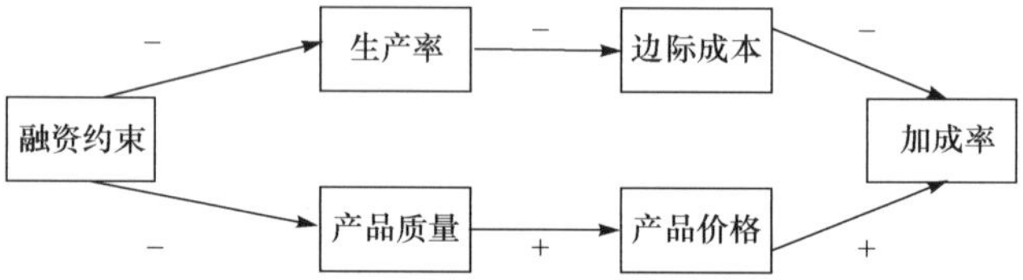

图 5.1　融资约束影响企业整体产品加成率的机制分析框架

图中"+"、"−"分别表示前一变量对于后一变量的正向或负向影响

首先，融资约束通过抑制企业投资和阻碍市场进入等影响企业生产率提升，不利于降低企业边际成本。一方面，面临融资约束的企业不能有效扩大固定资产投资，提高企业的投资–现金流敏感性，不利于企业做出最优的投资决策，从而影响企业改进生产设备和提升生产率；另一方面，根据 Melitz（2003）的研究，企业进入某个市场存在固定成本，面临融资约束的企业可能无法支付该固定成本而不能进入该市场，进而不能通过市场规模效应来实现研发创新的规模经济及生产率提升。大量文献直接研究了融资约束与企业生产率之间的关系。例如，Gatti 和 Love（2008）基于保加利亚的数据实证研究发现信贷可获得性与全要素生产率显著正相关；何光辉和杨咸月（2012）利用中国制造业企业上市公司数据进行实证研究，发现民营企业的融资约束显著抑制其生产率的增长；任曙明和吕镯（2014）使用中国装备制造业企业数据进行实证研究，结果表明装备制造企业面临严重的融资约束，且对生产率提升产生显著的负向影响。而企业生产率与企业边际成本呈负向关系（Melitz and Ottaviano，2008），融资约束降低企业生产率，亦即提升企业生产边际成本。因此，在其他条件不变的情形下，融资约束通过降低生产率（提升边际成本）降低加成率。

其次，融资约束通过抑制企业产品质量升级阻碍企业提升产品价格。面临融资约束的企业，会减少企业的研发投资，进而不利于企业提升产品质量。鞠晓生等（2013）研究表明，融资约束显著抑制了我国企业研发的创新活动；Fan 等（2015b）在异质性企业理论模型中引入融资约束，推导出融资约束严重的企业出口产品质量相对较低，并使用中国企业数据进行实证证明了这一理论推断；许明（2016）使用中国的数据也得到了类似的结论。较高的产品质量具有较低的需求价格弹性和较高的消费者偏好，企业能够索取较高的价格，融资约束会降低产品质量，亦即降低产品价格。因此，在其他条件不变的情形下，融资约束通过抑制产品质量升级（降低产品价格）降低加成率。

根据以上分析，本节提出前两个待检验的研究假说。

研究假设 1： 在其他条件不变的情况下，融资约束降低了企业产品加成率。

研究假设 2： 融资约束通过抑制企业生产率提升和产品质量升级两个渠道作用于企业产品加成率。

5.2.2　融资约束影响企业产品加成率差异化调整的机制与研究假设

Eckel 和 Neary（2010）指出多产品企业采取自由选择生产策略，其存在生产效率最高的核心产品，其他产品则均为非核心产品，且进一步研究表明全球化使得企业更多地生产核心产品，而减少或放弃非核心产品；祝树金等（2018）基于中国制造业数据测算发现，多产品出口企业中核心产品出口额占比高达75%左右，这表明我国多产品出口企业也显著存在核心产品。那么，融资约束对多产品企业内核心产品和非核心产品加成率的影响机制和效应是否存在差异？回答这一问题，有利于揭示多产品企业是否对不同产品采取差异化的加成率调整行为。

Eckel 等（2015）构建理论模型，指出多产品企业采取两种核心产品竞争策略：一是成本竞争策略，二是质量竞争策略。在成本竞争策略下，多产品企业不投资核心产品质量升级，仅仅依赖于核心产品较低的边际成本，因而制定较低的价格来获取市场份额，此时价格与收入呈负相关关系；在质量竞争策略下，多产品企业认为核心产品生产效率较高，决定投资核心产品质量升级，提升核心产品质量，给核心产品确定较高的价格，此时价格与收入呈正相关关系。Manova 和 Zhang（2012）基于中国海关统计数据库进行实证研究，发现中国出口产品收入与价格之间存在显著的正向关系，这一定程度上表明中国多产品出口企业采取质量竞争的核心产品策略。祝树金等（2018）实证研究发现中国多产品出口企业的核心产品质量显著高于非核心产品，这表明中国多产品出口企业会投资核心产品质量升级，从而引致核心产品质量水平相对较高。如果多产品企业采取质量竞争的核心产品策略，且当企业面临融资约束时，多产品企业内核心产品质量升级受到阻碍，非核心产品不存在质量升级，因而非核心产品受到融资约束的影响会相对较弱。因此，融资约束制约多产品企业核心产品质量升级，进而对核心产品加成率的抑制效应大于非核心产品，从而得到第三个研究假说如下。

研究假设 3：融资约束对多产品出口企业核心产品质量升级的抑制幅度大于非核心产品，从而对多产品出口企业核心产品加成率的负向作用大于非核心产品。

5.3 计量模型、变量与数据

5.3.1 计量模型设定

根据以上机制分析，首先构建融资约束影响企业整体出口产品加成率的计量模型为

$$\text{Log}\left(\text{Markup}_{fgt}\right)=\beta_0+\beta_1\text{Log}\left(\text{FC}_{ft}\right)+\theta\text{CV}_{ift}+\delta_s+\delta_{fg}+\delta_t+\varepsilon_{fgt} \tag{5.1}$$

其中，被解释变量 Markup_{fgt} 表示 t 年企业 f 出口产品 g 的加成率；解释变量 FC_{ft} 表示企业融资约束的向量，主要采用企业负债率（leverge）表示企业面临的融资约束水平，在稳健性检验中还使用流动性约束（liquidity）和企业利息支付率（interest）指标来度量；CV_{ift} 表示国民经济 4 位码行业、企业层面的控制变量向量，具体包括资本产出比（KQR）、企业规模（size）、人均工资（wage）、企业年龄（age）、国有资本份额（state_share）、行业集中度（HHI）；此外，模型中还包括了国民经济 2 位码行业固定效应（δ_s），企业–产品固定效应（δ_{fg}）和年份固定效应（δ_t），分别控制与国民经济 2 位码行业、企业–产品组合等不随时间变化的个体因素对加成率的影响，以及时间趋势的影响；ε_{fgt} 表示随机误差项。机制分析表明，在其他条件不变的情形下，融资约束降低企业产品加成率，因此，预期模型中融资约束变量的估计系数 $\beta_1<0$。

进一步引入产品排序变量与融资约束的交互项，实证研究融资约束对于核心产品和非核心产品加成率的影响是否存在差异性，建立以下计量模型：

$$\begin{aligned}\text{Log}\left(\text{Markup}_{fgt}\right)=&\alpha_0+\alpha_1\text{Log}(\text{FC}_{ft})+\alpha_2\text{Log}(\text{FC}_{ft})\times\text{Log}\left(\text{Rank}_{gt}\right)\\&+\theta\text{CV}_{ift}+\delta_s+\delta_{fg}+\delta_t+\varepsilon_{fgt}\end{aligned} \tag{5.2}$$

其中，Rank 表示产品排序变量，Rank 取值为 1 时表示核心产品，大于 1 则表示非核心产品，亦即当 Rank 越大，表示离核心产品的距离越远。当 Rank 取 1 时，融资约束与产品排序的交互项为 0，此时 α_1 表示融资约束对多产品企业内核心出口产品加成率的影响效应，根据机制分析结论，预期 $\alpha_1<0$。当 Rank 大于 1 时，融资约束对加成率的边际影响效应随着产品排序的不同而变化。机制分析表明，融资约束对核心产品加成率的抑制效应大于非核心产品，因此，随着 Rank 的增大，融资约束对加成率的抑制效应会减弱，预期 $\alpha_2>0$。

5.3.2　变量与数据说明

1. 企业产品加成率

De Loecker 等（2016）在 De Loecker 和 Warzynski（2012）的基础上，通过计算生产要素在产品之间的分配系数，解决了产品层面要素投入不可观测的问题，估算了企业–产品层面的加成率。本章借鉴 De Loecker 等（2016）的研究方法，利用中国工业企业数据库与中国海关统计数据库的匹配数据，估计多产品出口企业产品加成率。

De Loecker 和 Warzynski（2012）基于生产成本最小化和加成率的定义，推导得到企业加成率可以表示为企业某可变要素的产出弹性系数与该要素的支出份额之比[①]。同理，产品加成率也可以表示为用于生产该产品的某可变要素的产出弹性系数与该要素的支出份额之比，具体如式（5.3）所示。

$$\mu_{fgt} = \theta_{fgt}^{v}\left(\alpha_{fgt}^{v}\right)^{-1} \tag{5.3}$$

与 Brandt 等（2017）的方法一致，这里以原材料 M 作为可变要素。式（5.3）中 θ_{fgt}^{v} 表示产品 g 中原材料投入的产出弹性系数，α_{fgt}^{v} 表示企业用于生产产品 g 的原材料支出额占该产品销售额的比例。

中国工业企业数据库仅统计了企业层面的要素投入，因而无法直接获取产品层面的要素投入。借鉴 De Loecker 等（2016）和祝树金等（2018）的研究方法，计算得到生产要素资本 K、劳动 L 和原材料 M 在企业内各个产品之间的分配系数 ρ_{fgt}[②]。在超越对数生产函数情形下，原材料投入生产产品 g 的产出弹性系数 θ_{fgt} 和生产产品 g 的原材料的支出份额 α_{fgt}^{v} 的具体表达式如下：

$$\begin{aligned}\theta_{fgt}^{M} = {} & \hat{\beta}_{m} + 2\hat{\beta}_{mm}\left(\hat{\rho}_{fgt} + m_{ft}\right) + \hat{\beta}_{lm}\left(\hat{\rho}_{fgt} + l_{ft}\right) + \hat{\beta}_{mk}\left(\hat{\rho}_{fgt} + k_{ft}\right) \\ & + \hat{\beta}_{lmk}\left(\hat{\rho}_{fgt} + l_{ft}\right)\left(\hat{\rho}_{fgt} + k_{ft}\right)\end{aligned} \tag{5.4}$$

$$\alpha_{fgt} = \frac{\exp(\hat{\rho}_{fgt}) P_{ft}^{M} V_{ft}^{M}}{P_{fgt} Q_{fgt}} \tag{5.5}$$

其中，m_{ft}、l_{ft}、k_{ft} 分别表示价格平减后的企业整体原材料、劳动和资本的对数[③]；$\beta = \left(\beta_{l}, \beta_{m}, \beta_{k}, \beta_{ll}, \beta_{mm}, \beta_{kk}, \beta_{lm}, \beta_{lk}, \beta_{mk}, \beta_{lmk}\right)$ 表示企业层面要素的产出弹性系数向量。式（5.5）中，$P_{fgt}Q_{fgt}$ 是企业产品出口额，从海关统计数据库中直接

① 具体推导过程可以参见 De Loecker 和 Warzynski（2012）的研究。

② 假设三种生产要素的分配系数相同。

③ 使用 Brandt 等（2017）的投入品价格指数平减原材料投入额，使用各省份的固定资产投资价格指数平减资本投入额。

获取，$\exp(\hat{\rho}_{fgt})P_{ft}^{M}V_{ft}^{M}$ 是分配给产品 g 的原材料要素投入额。将式（5.4）和式（5.5）代入式（5.3），得到企业出口产品加成率。

2. 融资约束

借鉴 Greenway 等（2007）等文献，主要使用负债率（leverage）衡量企业面临的融资约束水平，表示企业短期负债占流动资产的比值。企业负债率越高，企业越容易陷入财务困境（Altman，1984），越难获得外部融资，可能面临更严重的融资约束。利用中国工业企业数据库，绘制 2000～2007 年中国多产品出口企业负债率的年度演变趋势，如图 5.2 所示，线性拟合曲线向右下方倾斜，表示 2000～2007 年，我国多产品出口企业面临的融资约束程度有缓解的趋势。

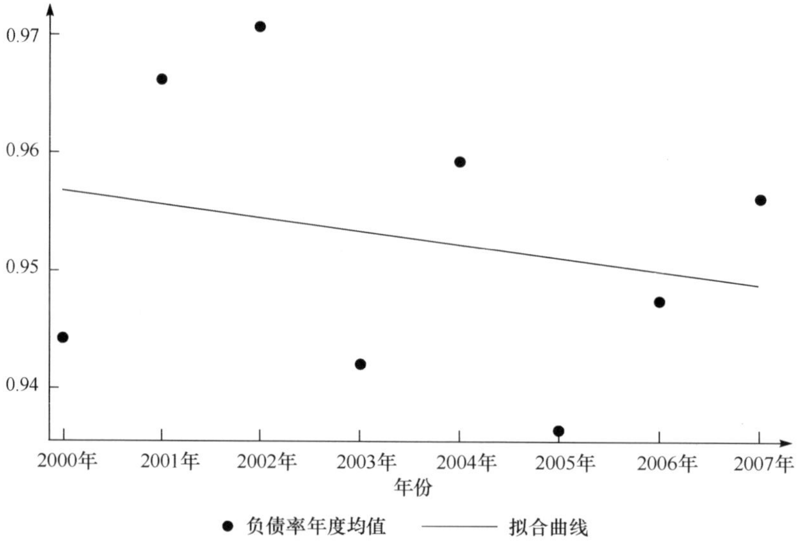

图 5.2　我国多产品出口企业负债率年度演变趋势

此外，本章还使用资产流动性（liquidity）和企业利息支付率（interest）衡量融资约束，其中，资产流动性由企业流动资产与流动负债的差额与总资产的比值计算得到；利息支付率为企业当年利息支出与总负债的比值。资产流动性是融资约束的反向度量，资产流动性越大，表明企业可支配的净流动资产越多，具有较强的融资能力。而企业利息支付率与负债率一样，是融资约束的正向度量，企业利息支付越多，则面临的融资约束越严重。

3. 产品排序变量

Bernard 等（2010）、Eckel 等（2015）等文献均根据企业产品出口额对产品进行排序，出口额最大的产品为核心产品，其他产品则为非核心产品。基于此，这里也以产品出口额从大到小排序，得到产品排序变量 Rank。进一步借鉴显性比较优势（revealed comparative advantage）指标构建产品的相对市场份额指标，并据此从大到小排序，得到另一个产品排序变量 Rank_RCA。

4. 控制变量

资本产出比用企业固定资产净值与总产值的比值来衡量；企业规模使用企业的年均从业人数表示；企业人均工资为企业总工资与就业人数之比；企业年龄用“被调查企业年份–开业年份+1”进行计算；国有资本份额根据国有股份占企业实收资本的比重计算得到；根据企业销售额采用赫芬达尔指数来衡量国民经济 4 位码行业集中度。

本章采用的数据涉及企业层面和产品贸易层面两个方面，因此主要使用以下两套高度细分的数据库：一是 2000～2007 年[①]工业企业数据，包括中国全部国有企业和年销售额在 500 万元以上的非国有企业，采用类似于 Feenstra 等（2014）的方法，对相关数据进行了处理[②]。二是 2000～2007 年海关数据，来自中国海关总署，包含了企业-产品-市场层面的进出口数量、金额、贸易方式等信息。进一步，借鉴田巍和余淼杰（2013）的方法，对中国工业企业数据库和中国海关数据库进行匹配。由于两套数据的企业代码隶属两套完全不同的标准体系，无法用作匹配中介变量，但是两套数据库还报告了诸如企业名称、企业所在地邮政编码、企业电话号码和企业联系人等信息。因此，首先使用企业名称作为匹配变量，但是考虑到海关数据库中相当一部分企业名称缺失，进一步使用邮政编码和企业电话号码后七位的组合、企业联系人和电话号码后七位的组合分别作为中介变量进行匹配。

5.3.3　变量的统计描述

多产品出口企业在中国出口市场中占据统治地位，且在多产品出口企业内，核心产品占据统治地位。祝树金等（2018）研究得出，2000～2006 年多产品企业核心产品加成率的上升幅度要大于非核心产品。这里简单探讨多产品出口企业融资约束与产品加成率变动之间的关系。根据企业负债率中位数把样本企业划分为融资约束较高企业和融资约束较低企业，并计算全样本企业以及上述两类分样本企业的各类产品加成率均值和中位数，结果如表 5.1 所示。首先，无论根据加成

---

① 中国工业企业数据库 2008 年及之后年份的数据缺乏较多关键指标，而且数据质量较低，很难有效测算 2008 年及之后年份的企业–产品层面的加成率。

② 处理过程为：删除重要经济指标（如总产值、销售额）缺失的样本观测值；去除从业人数少于 8 人的企业。根据公认会计准则基础，删除符合流动资产高于总资产、固定资产合计大于总资产，或者固定资产净值超过总资产中任何一个条件的企业样本，删除没有识别编号的企业，以及成立时间无效的企业等。

率均值还是中位数，就全部产品而言，融资约束较低企业加成率均大于融资约束较高企业，这表明融资约束高的企业加成率水平相对较低。其次，融资约束高的企业的核心产品加成率明显低于融资约束低的企业，融资约束高的企业的非核心产品加成率也低于融资约束低的企业。最后，比较两类企业内核心产品和非核心产品加成率的差异发现，融资约束较高企业内核心产品和非核心产品的差异（均值差异为 0.2306，中位数差异为 0.4560）要大于融资约束低的企业（均值差异为 0.2248，中位数差异为 0.4255），这表明融资约束促使企业调整核心产品和非核心产品的加成率，扩大二者之间的差距。

表 5.1　不同融资约束程度企业出口产品加成率的比较

企业类型	产品类型	企业出口产品加成率	
		均值	中位数
全部企业	全部产品	0.7708	0.7357
融资约束较高企业	全部产品	0.7607	0.7100
	核心产品	0.9460	1.0780
	非核心产品	0.7154	0.6220
融资约束较低企业	全部产品	0.7769	0.7519
	核心产品	0.9594	1.0868
	非核心产品	0.7346	0.6613

表 5.2 列出模型中所使用的主要变量的统计描述分析。

表 5.2　变量的统计描述分析

变量	观测值个数	均值	标准差	最小值	最大值
ln（Markup）	1 287 280	−0.605 1	1.011 1	−8.907 4	2.679 3
ln（leverage）	1 287 280	−0.303 5	0.802 6	−12.344 4	6.659 3
liquidity	1 287 280	1.615 4	1.256 1	0.000 0	6.102 6
ln（Rank）	1 287 280	1.613 6	1.254 8	0.000 0	6.102 6
ln（Rank_RCA）	1 287 280	−2.014 9	1.178 8	−12.629 4	4.136 0
ln（KQR）	1 287 280	2.008 4	0.669 2	0.000 0	4.077 5
ln（size）	1 287 280	0.023 3	0.131 9	0.000 0	1.042 9
ln（wage）	1 287 280	0.002 0	0.006 3	0.000 0	1.000 0
ln（age）	1 287 280	1.677 8	0.228 3	0.437 0	2.248 5
state_share	1 287 280	0.529 7	0.155 2	0.000 0	1.000 0
HHI	1 287 280	−0.605 1	1.011 1	−8.907 4	2.679 3

续表

变量	观测值个数	均值	标准差	最小值	最大值
ln（tfp）	1 287 280	−0.303 5	0.802 6	−12.344 4	6.659 3
Quality	1 287 280	1.615 4	1.256 1	0.000 0	6.102 6

注：5.3.2 节介绍了产品加成率的测算过程，估算了企业层面投入要素的产出弹性系数，进而采用索罗残差法计算得到全要素生产率变量 log（TFP）；借鉴 Khandelwal 等（2013）、施炳展（2013）的方法，基于需求函数方法估算出口产品质量 Quality①；这两个变量在后文的机制检验中作为中介变量

5.4　实证结果分析

5.4.1　融资约束对多产品出口企业整体产品加成率的影响

这里采用面板固定效应 OLS 估计方法估计融资约束对多产品出口企业整体产品加成率的影响，回归结果如表 5.3 所示。列（1）～列（3）为引入负债率的单独项，但是控制不同层面的固定效应。由列（1）～列（3）的回归结果可见，控制了企业-产品效应、行业效应和年份效应时，负债率的回归系数均显著为负。列（4）～列（6）逐步引入控制变量，其中列（4）控制资本产出比、企业规模、人均工资，列（5）在列（4）的基础上进一步控制企业年份和国有资本份额，列（6）则在列（5）的基础上进一步控制行业集中度指标，个体固定效应均与列（3）一致。核心解释变量负债率的估计系数均在 1%的显著性水平上为负，且相对于没有引入控制变量时，系数绝对值水平显著提升，达到 0.0172，这表示负债率每上升 1 个百分点，会导致企业出口产品加成率下降 0.0172 个百分点。回归结果证实了假设 1。控制变量的回归结果与已有研究结论一致。

表 5.3　融资约束对出口企业整体产品加成率的影响

解释变量	（1）	（2）	（3）	（4）	（5）	（6）
ln（leverage）	−0.004 0*** （−4.245 7）	−0.004 8*** （−3.900 5）	−0.004 8*** （−3.859 3）	−0.017 0*** （−14.638 5）	−0.017 3*** （−14.870 9）	−0.017 2*** （−14.853 4）
ln（KQR）				0.156 4*** （106.315 0）	0.156 7*** （106.611 6）	0.156 5*** （106.560 6）
ln（size）				−0.239 9*** （−105.801 1）	−0.237 5*** （−104.911 3）	−0.237 5*** （−104.949 0）
ln（wage）				−0.052 4*** （−42.611 7）	−0.052 0*** （−42.279 3）	−0.051 9*** （−42.255 3）

① 考虑到本章中出口产品质量变量不是核心变量，主要是在后文机制检验中作为中介变量出现，这里并没有介绍其测度过程，具体可以参见第 7 章 7.3.1 节。

续表

解释变量	（1）	（2）	（3）	（4）	（5）	（6）
ln（age）					−0.034 2*** （−11.216 7）	−0.034 3*** （−11.228 0）
state_share					0.000 3 （0.029 9）	0.000 3 （0.031 7）
HHI						1.276 6*** （5.925 6）
常数项	−0.411 1*** （−167.022 9）	−0.415 5*** （−125.268 6）	−0.242 2*** （−7.922 2）	1.444 3*** （44.063 1）	1.479 0*** （44.922 0）	1.467 8*** （44.422 7）
企业效应	是	—	—	—	—	—
企业-产品效应	否	是	是	是	是	是
年份效应	是	是	是	是	是	是
行业效应	否	否	是	是	是	是
样本容量	1 287 280	1 287 280	1 287 280	1 287 280	1 287 280	1 287 280
R^2	0.837 5	0.948 3	0.948 5	0.955 0	0.955 0	0.955 0

注：括号内数值为纠正了异方差后的 *t* 统计量

***表示在 1%水平下显著

5.4.2　融资约束对出口企业核心和非核心产品加成率的差异化影响

表 5.4 报告了采用面板固定效应 OLS 方法，估计引入了负债率与产品排序交互项的计量模型（5.2）的回归结果，检验了融资约束对多产品出口企业核心和非核心产品加成率的差异化影响效应。表 5.4 列（1）、列（2）与列（3）、列（4）的产品排序变量分别为 Rank，Rank_RCA。无论使用哪一个产品排序变量，融资约束单独项的回归系数均在 1%的水平上显著为负，融资约束与产品排序的交互项均在 1%的水平上显著为正。这表明融资约束显著降低多产品企业核心产品加成率，对多产品企业非核心产品的加成率的抑制效应要小于核心产品，验证了假设 3。

表 5.4　融资约束对核心产品与非核心产品加成率影响的差异

解释变量	（1）	（2）	（3）	（4）
ln（leverage）	−0.011 6*** （−6.182 3）	−0.023 3*** （−13.004 3）	−0.012 8*** （−6.791 2）	−0.023 9*** （−13.314 2）
ln（leverage）×Log（Rank）	0.005 8*** （5.545 6）	0.005 1*** （5.185 0）		

续表

解释变量	（1）	（2）	（3）	（4）
ln（leverage）×Log（Rank_RCA）			0.006 6*** （6.380 6）	0.005 5*** （5.651 3）
ln（KQR）		0.156 5*** （106.567 7）		0.156 5*** （106.563 5）
ln（size）		−0.237 5*** （−104.944 1）		−0.237 4*** （−104.939 0）
ln（wage）		−0.051 9*** （−42.254 5）		−0.051 9*** （−42.254 6）
ln（age）		−0.034 3*** （−11.230 8）		−0.034 3*** （−11.236 4）
state_share		0.000 4 （0.036 9）		0.000 4 （0.039 1）
HHI		1.278 3*** （5.929 1）		1.278 8*** （5.930 7）
常数项	−0.242 0*** （−7.917 7）	1.467 8*** （44.439 4）	−0.242 2*** （−7.922 7）	1.467 5*** （44.426 6）
企业-产品效应	是	是	是	是
年份效应	是	是	是	是
行业效应	是	是	是	是
样本容量	1 287 280	1 287 280	1 287 280	1 287 280
R^2	0.948 5	0.955 1	0.948 5	0.955 1

注：括号内数值为纠正了异方差后的 t 统计量

***表示在 1%水平下显著

5.4.3　稳健性检验

为检验以上研究结论的可靠性，本节通过考虑内生性问题、改变关键变量、剔除极端值、改变样本范围等进行稳健性检验。

1. 考虑内生性问题

企业产品加成率与融资约束可能存在相互影响的内生性问题。因为产品加成率较高的企业，会给金融机构释放其具有较高的市场势力的信号，从而更容易获取金融机构的资金（张杰，2015）。因此，这里通过构建融资约束的工具变量，采用两阶段最小二乘工具变量回归方法解决这一内生性问题。借鉴李思慧和徐保昌（2018）的方法，选用企业所在地区和行业中除该企业自身外其他企业的融资约束均值作为该企业面临融资约束的工具变量。回归结果见表 5.5。列（1）和列（3）报告了计量模型（5.1）的回归结果；列（2）和列（4）报告了计量模型（5.2）的回归结果。以引入控制变量的回归结果为例，计量模型（5.1）回归结果显示，负债率系数显著为负，且系数的绝对值水平显著高于表 5.3 列（6）报告的基准回归结果，统计和经济显著性程度均较高。由列（4）报告的计量模型（5.2）的回归结果可知，负债率单独项系数显著为负，负债率与产品排序交互项系数显著为正，与表 5.4 的回归结果一致，同样，回归系数绝对值水平均有明显上升。综上，在考虑了反向因果关系导致的内生性问题后，研究假设 1 和研究假设 3 仍然得到验证，说明前面的基准回归结果是稳健的。

表 5.5　内生性问题分析

解释变量	（1）	（2）	（3）	（4）
ln（leverage）	−0.056 2*** （−2.747 0）	−0.174 0*** （−6.352 6）	−0.058 2*** （−2.889 5）	−0.164 1*** （−6.123 0）
ln（leverage）×Log（Rank）		0.084 6*** （11.008 7）		0.075 8*** （10.234 8）
企业–产品效应	是	是	是	是
年份效应	是	是	是	是
行业效应	是	是	是	是
控制变量	否	否	是	是
Kleibergen-Paap rk LM χ^2（1）statistic	1 811.442***	1 562.468***	1 762.687***	1 524.222***
Weak Instrument （F statistic）	779.943***	340.719***	758.976***	332.243***
样本容量	1 286 893	1 286 893	1 286 893	1 286 893
R^2	0.948 2	0.947 1	0.954 9	0.954 0

注：表中报告了检验工具变量的识别不足[Kleibergen-Paap rk LM χ^2（1）statistic]和弱识别[Weak Instrument（F statistic）]的统计量，均显著拒绝了识别不足和弱识别的原假设，说明这里使用的工具变量是有效的；括号内数值为纠正了异方差后的 t 统计量

***表示在 1%水平下显著

2. 改变关键变量的度量方法

前文使用的加成率是基于价格平减后的出口金额来衡量产出额，这里将其替换为用出口数量表示物理产出，并基于此估算企业出口产品加成率，以其为被解释变量估计计量模型（5.1）和（5.2），回归结果见表 5.6 列（1）和列（2）。负债率表示的融资约束变量估计系数在 1%的水平上显著为负，负债率与产品排序的交互项的系数则在 1%的水平上显著为正，与基准回归结果一致，表明被解释变量的测度方法并不会影响估计结果。

进一步使用流动性约束（liquidity）与企业利息支付率（interest）度量企业面临的融资约束水平，用其替换计量模型（5.1）和（5.2）中的负债率，回归结果见表 5.6 列（3）～列（6）。流动性约束单独项的估计系数在 1%的水平上显著为正，而交互项系数则在 1%的水平上显著为负，表明资产流动性越高，企业面临的融资约束越弱，越有利于提升企业出口产品加成率，但是这一效应随着离核心产品的距离的增大而减弱，与基准回归结果一致。利息支付率单独项的估计系数在 1%的水平上显著为负，而交互项系数则在 1%的水平上显著为正，这与负债率指标的影响一致。因此，回归结论并不受到融资约束度量的影响，回归结果稳健。

表 5.6 改变关键变量度量处理回归结果

解释变量	（1）	（2）	（3）	（4）	（5）	（6）
ln（leverage）	−0.018 4*** （−13.025 7）	−0.028 9*** （−13.422 6）				
ln（leverage）× ln（Rank）		0.009 0*** （7.391 6）				
liquidity			0.056 7*** （16.017 5）	0.078 6*** （15.005 6）		
liquidity× ln（Rank）				−0.018 6*** （−6.452 7）		
ln（interest）					−0.009 2*** （−8.218 1）	−0.019 6*** （−15.265 2）
ln（interest）× ln（Rank）						0.008 7*** （19.694 4）
企业-产品效应	是	是	是	是	是	是
年份效应	是	是	是	是	是	是
行业效应	是	是	是	是	是	是

续表

解释变量	（1）	（2）	（3）	（4）	（5）	（6）
控制变量	是	是	是	是	是	是
样本容量	1 287 280	1 287 280	1 287 280	1 287 280	750 903	750 903
R^2	0.946 1	0.946 1	0.955 1	0.955 1	0.962 7	0.962 8

注：括号内数值为纠正了异方差后的 *t* 统计量

***表示在 1%水平下显著

3. 删除极端值

为避免极端值对结果造成较大影响，从样本中删除企业产品加成率的极端值——位于最小和最大的 5 个百分位区间的企业产品样本，回归结果见表 5.7 列（1），与基准回归结果比较一致。

表 5.7　剔除极端值和改变样本范围回归结果

解释变量	剔除极端值	p25	p50	p75
	（1）	（2）	（3）	（4）
ln（leverage）	−0.019 7***	−0.031 9***	−0.039 9***	−0.066 8**
	（−11.249 5）	（−8.021 2）	（−5.540 7）	（−2.534 4）
ln（leverage）×ln（Rank）	0.004 5***	0.007 4***	0.010 3***	0.018 8**
	（4.649 8）	（4.035 4）	（3.569 3）	（2.220 9）
企业–产品效应	是	是	是	是
年份效应	是	是	是	是
行业效应	是	是	是	是
控制变量	是	是	是	是
样本容量	1 158 552	865 178	635 215	306 329
R^2	0.936 5	0.974 1	0.979 1	0.987 4

注：括号内数值为纠正了异方差后的 *t* 统计量

***、**分别表示在 1%、5%水平下显著

4. 改变产品范围

本章定义出口两个及以上的产品为多产品出口企业，在之前的回归中，均以全部多产品出口企业为样本。易靖韬和蒙双（2017）研究发现中国多产品出口企业产品范围与企业生产率之间存在显著的倒 U 型关系。为了考虑不同产品范围对

企业出口产品加成率的潜在影响，本书采用产品范围位于 25、50 和 75 分位上的分样本，估计计量模型（5.2），回归结果见表 5.7 列（2）～列（4）。结果均显示，负债率单独项和交互项的回归系数均分别显著为负和显著为正，回归结果与基准回归一致。此外，还可以看到，随着产品范围的增大，回归系数的绝对值水平不断增大，融资约束对出口产品数量更多的企业影响更大。

5.4.4　异质性分析

1. 基于企业所有制类型的异质分析

国有企业面临的融资约束水平相对较弱，因此，预期融资约束对国有企业出口产品加成率的影响效应不显著或者较弱。根据实收资本占比，将企业内国有资本占比大于 50%的企业归为国有企业，其他企业为非国有企业。根据这两个分样本估计模型（5.1）和模型（5.2），表 5.8 报告了相应的回归结果。是否引入控制变量对回归结果的影响差别不大。以包含控制变量的回归结果为例，国有企业分样本的回归结果中，负债率单独项和交互项的回归系数符号与基准结果一致，但是在 5%的水平上均不显著，这与我们的预期基本一致。国有企业几乎不存在融资约束的问题，因而融资约束对企业出口产品加成率和产品之间加成率调整的影响并不显著。非国有企业样本回归结果显示，负债率单独项和交互项的系数均在 1%的水平上显著，亦即非国有企业存在较为严重的融资约束问题，融资约束显著降低非国有企业出口产品加成率，且这一效应在核心出口产品中更为明显。

表 5.8　企业所有制类型的异质性估计结果

解释变量	国有企业				非国有企业			
	（1）	（2）	（3）	（4）	（5）	（6）	（7）	（8）
ln（leverage）	−0.009 6 （−0.430 6）	−0.031 7 （−1.078 1）	−0.034 0 （−1.640 1）	−0.048 6* （−1.756 8）	−0.004 8*** （−3.888 9）	−0.011 1*** （−5.918 3）	−0.017 0*** （−14.630 5）	−0.022 6*** （−12.625 0）
ln（leverage）×ln（Rank）		0.025 9* （1.825 2）		0.017 4 （1.296 2）		0.005 4*** （5.073 8）		0.004 7*** （4.755 9）
企业–产品效应	是	是	是	是	是	是	是	是
年份效应	是	是	是	是	是	是	是	是
行业效应	是	是	是	是	是	是	是	是
控制变量	否	否	是	是	否	否	是	是
样本容量	30 648	30 648	30 648	30 648	1 256 632	1 256 632	1 256 632	1 256 632
R^2	0.971 0	0.971 1	0.973 8	0.973 8	0.948 0	0.948 0	0.954 7	0.954 7

注：括号内数值为纠正了异方差后的 t 统计量

***、*分别表示在 1%、10%水平下显著

2. 基于企业生产率的异质性分析

根据生产率中位数，将全部企业划分为高生产率企业和低生产率企业两个分样本，并据此估计计量模型（5.1）和（5.2）。表 5.9 报告了引入和不引入控制变量的估计结果，二者基本一致。以引入控制变量的估计结果为例，高生产率和低生产率分样本的回归结果显示，负债率单独项系数大部分显著为负，交互项系数都为正，但高生产率企业的交互项系数（0.0064）要大于低生产率企业的交互项系数（0.0035），且高生产率企业交互项系数的显著性（1%）也要明显高于低生产率企业（10%）。这可能是因为，生产率越高的企业，越倾向于增加固定资产和研发投资，因此更有能力从事产品质量升级，在面临融资约束时，核心产品质量升级受到阻碍，核心产品和非核心产品之间的加成率调整差异显著；但是生产率低的企业较少从事质量升级，在面对融资约束时，这类企业在核心产品和非核心产品之间的质量升级存在的差异并不如生产率较高企业明显，导致加成率之间调整的差异相对较小。

表 5.9　企业生产率的异质性估计结果

解释变量	高生产率				低生产率			
	（1）	（2）	（3）	（4）	（5）	（6）	（7）	（8）
ln（leverage）	−0.001 3 （−0.686 4）	−0.011 9*** （−4.059 9）	−0.013 8*** （−7.963 5）	−0.022 5*** （−8.017 9）	−0.006 4*** （−3.056 8）	−0.009 3*** （−3.081 8）	−0.017 4*** （−8.910 9）	−0.020 6*** （−7.166 3）
ln（leverage）×ln（Rank）		0.007 8*** （5.310 2）		0.006 4*** （4.567 0）		0.003 2* （1.660 6）		0.003 5* （1.931 9）
企业–产品效应	是	是	是	是	是	是	是	是
年份效应	是	是	是	是	是	是	是	是
行业效应	是	是	是	是	是	是	是	是
控制变量	否	否	是	是	否	否	是	是
样本容量	643 637	643 637	643 637	643 637	643 643	643 643	643 643	643 643
R^2	0.961 9	0.961 9	0.966 9	0.966 9	0.953 0	0.953 0	0.958 1	0.958 1

注：括号内数值为纠正了异方差后的 t 统计量

***、*分别表示在 1%、10%水平下显著

5.5　作用机制检验

本节进一步实证检验融资约束影响多产品出口企业产品加成率及其差异化调

整的作用机制。根据机制分析，融资约束通过抑制企业生产率和产品质量升级影响企业产品边际生产成本和产品价格，进而影响产品加成率。这里分两步检验作用机制，首先，根据加成率定义，加成率表示为价格与边际成本的比值①，检验融资约束对产品价格和边际成本的影响；其次，采用中介效应模型，检验融资约束影响产品加成率的生产率和质量渠道。

表 5.10 列（1）和列（2）报告了以出口价格和边际成本为被解释变量的计量模型（5.1）的估计结果。在以出口价格和边际成本为被解释变量的模型中，负债率的估计系数在 1%的水平上分别显著为负和显著为正，表明负债率上升，显著降低产品出口价格和提高产品边际生产成本，进而显著降低产品加成率，正如基准结果表 5.3 所示。

表 5.10 列（3）和列（5）报告了生产率渠道中介效应检验回归结果。列（3）以全要素生产率的对数值为被解释变量估计计量模型（5.1），融资约束变量系数显著为负，说明融资约束显著降低了企业生产率；在以加成率为被解释变量的计量模型（5.1）中进一步控制生产率，回归结果见列（5），生产率系数显著为正，表明生产率和加成率具有显著的正向关系；负债率系数仍然显著为负，但相对于表 5.3 列（6）的回归结果，系数绝对值水平和显著性水平（t 值）均出现了下降。这说明在控制了生产率渠道后，负债率对加成率的负向影响有所减弱。此外，Sobel 检验得到的相应 Z 统计量的值为−5.50，在 1%水平上显著，这进一步证明了生产率是融资约束影响企业出口产品加成率的一个有效渠道。

表 5.10 列（4）和列（6）报告了产品质量渠道中介效应检验回归结果。列（4）以产品质量为被解释变量估计计量模型（5.1），融资约束变量系数显著为负，说明融资约束显著抑制了产品质量升级；在以加成率为被解释变量的计量模型（5.1）中进一步控制产品质量，回归结果见表 5.10 列（6），质量系数显著为正，表明产品质量和加成率具有显著的正向关系；负债率系数仍然显著为负，但相对于表 5.3 列（6）的回归结果，系数绝对值水平和显著性水平（t 值）均出现了下降。这说明在控制了产品质量渠道后，负债率对加成率的负向影响及显著性水平有所减弱。此外，Sobel（1987）检验得到的相应 Z 统计量的值为−2.49，在 5%水平上显著，证明了产品质量也是融资约束影响企业出口产品加成率的另一个有效渠道。

最后，在以加成率为被解释变量的计量模型（5.1）中同时引入两个中介变量（生产率和产品质量），回归结果见表 5.10 列（7），两个中介变量系数均显著为正，负债率系数显著为负，且其系数的绝对值水平与显著性水平（t 值）比列（5）和列（6）进一步下降了。因此，生产率和产品质量是融资约束抑制企业出口产品加

① 出口价格基于海关数据库中的金额和数量指标直接测算得到；边际成本则基于加成率的定义间接测算得到，具体地，边际成本对数值等于出口价格对数值与加成率对数值的差值。

成率的两个有效渠道，验证了假设 2。

表 5.10　融资约束影响企业整体出口产品加成率的机制检验结果

解释变量	ln（price）	ln（MC）	ln（tfp）	quality	ln（Markup）		
	（1）	（2）	（3）	（4）	（5）	（6）	（7）
ln（leverage）	−0.008 3*** （−5.048 5）	0.009 0*** （4.955 5）	−0.000 7*** （−5.523 5）	−0.000 5** （−2.490 8）	−0.016 2*** （−14.251 1）	−0.016 8*** （−14.525 1）	−0.015 7*** （−13.914 9）
ln（tfp）					1.467 6*** （59.740 2）		1.468 2*** （60.425 2）
quality						0.901 4*** （75.967 0）	0.901 7*** （76.739 3）
企业–产品效应	是	是	是	是	是	是	是
年份效应	是	是	是	是	是	是	是
行业效应	是	是	是	是	是	是	是
控制变量	是	是	是	是	是	是	是
样本容量	1 287 280	1 287 280	1 287 280	1 287 280	1 287 280	1 287 280	1 287 280
R^2	0.971 8	0.971 2	0.991 1	0.927 2	0.956 0	0.956 4	0.957 4

注：括号内数值为纠正了异方差后的 t 统计量

***、**分别表示在 1%、5%水平下显著

根据机制分析，融资约束导致多产品出口企业核心产品和非核心产品质量升级差异，使得融资约束对多产品出口企业核心产品和非核心产品加成率具有差异化影响效应。因此，这里着重检验产品质量升级这一渠道。

产品质量升级渠道成立的前提是，多产品企业采取质量竞争的核心产品策略。所以，首先检验中国的多产品出口企业是否采取质量竞争的核心产品策略。借鉴 Eckel 等（2015）的计量方法，以质量为被解释变量，产品排序变量为解释变量，并且控制企业–年份效应、产品–年份效应，表 5.11 列（1）报告了回归结果。产品排序系数显著为负，表示排序越大的产品（偏离核心产品）的质量越低，亦即核心产品质量大于非核心产品，这证实了中国多产品出口企业采取质量竞争的核心产品策略，倾向于投资升级核心产品质量（Manova and Zhang，2012；祝树金等，2018）。

进一步以产品质量为被解释变量估计计量模型（5.2），回归结果见表 5.11 列（2）。负债率单独项系数显著为负，交互项系数则显著为正，表明融资约束显著降低核心产品质量，但是这一效应随着离核心产品距离越远而减弱，从而验证了假

设 3。

表 5.11　融资约束影响企业核心和非核心产品加成率调整的机制检验结果

解释变量	quality （1）	quality （2）
ln（Rank）	–0.063 8*** （–447.302 7）	
ln（leverage）		–0.010 5*** （–35.424 7）
ln（leverage）×ln（Rank）		0.008 5*** （40.643 4）
企业–年份效应	是	否
产品–年份效应	是	否
企业–产品效应	否	是
年份效应	否	是
行业效应	否	是
控制变量	否	是
样本容量	1 210 434	1 287 280
R^2	0.705 7	0.927 7

注：括号内数值为纠正了异方差后的 t 统计量

***表示在 1%水平下显著

5.6　本 章 小 结

本章利用 2000～2007 年中国工业企业数据库和中国海关数据库的匹配数据，克服了产品层面要素投入不可观测的问题，测算了中国多产品出口企业的产品加成率，并深入地考察了融资约束对中国多产品出口企业产品加成率及其内部调整的微观影响机制和效应。研究结论表明，融资约束显著降低多产品出口企业加成率，这一影响效应在核心产品和非核心产品之间存在差异，企业内离核心产品距离越远的产品加成率受到融资约束的负向影响效应越弱。在考虑内生性、改变关键变量、剔除极端值及改变样本范围之后进行稳健性检验，这一结论依然稳健。异质性分析表明，融资约束对非国有企业和生产率相对较高的企业的出口产品加成率及其差异化调整的影响更大。机制检验结果证实了机制分析的结论，生产率和产品质量是融资约束制约企业出口产品加成率提升的两个有效渠道；核心和非核心产品质量升级差异是融资约束导致多产品企业核心和非核心产品加成率存在差异化调整的主要原因。

本章的研究具有如下政策含义。第一，融资约束显著抑制企业出口产品加成率，进而妨碍出口产品竞争力的提升，反过来说，融资约束放松将有利于提升企业出口产品加成率，进而提升出口产品国际市场竞争力。因此，需要进一步加快完善金融市场，深化金融体系改革，改善企业融资环境，特别是加大对非国有企业的融资开放力度。第二，融资约束通过抑制企业生产率提升和产品质量升级的渠道降低企业出口产品加成率，所以，当企业面临的融资约束放松时，应注重提升企业生产率和产品质量升级，进而有效提升企业出口产品加成率。第三，面临融资约束时，多产品出口企业核心产品加成率受到的抑制效应更加严重，反过来，当企业融资约束放松时，同样也是核心产品加成率的上升幅度越大。因此，多产品企业在融资约束趋紧时，企业应采取产品多元化策略，增加非核心产品的生产和出口，对冲核心产品受到的严重冲击；在融资约束缓解时，企业则应采取产品核心化策略，增加核心产品的生产和出口，尤其要加强研发创新，推动核心产品质量升级。

第6章 资源错配、融资约束与企业出口行为研究

6.1 引　言

我国非市场化因素导致的结构性资源错配问题由来已久，并在很大程度上影响了我国生产率和出口竞争力。消除资源错配，是提高我国经济效率的重要途径[①]。我国供给侧结构性改革本质上就是要通过改革矫正要素配置扭曲，按照市场规律和原则推动资源向高效率部门转移。另外，2008年金融危机后我国对外贸易年均增速大幅回落，货物出口下滑，2011年同比增长15.15%，但到了2013年同比增长仅6.01%，2015年同比下降1.8%。要培育我国出口竞争新优势，也需要消除资源错配，提高要素配置效率。

从贸易理论研究而言，从传统贸易理论到新贸易理论，再到新新贸易理论，都强调了资源配置对贸易背后最重要的决定性因素的影响，在实证研究方面，现有许多文献考察了外商直接投资、贸易成本、贸易政策、政府补贴乃至融资约束等对于我国出口贸易的影响因素（Zhang and Felmingham，2001；江小涓，2002；Manova，2008；Demidova and Rodríguez-Clare，2009）；而在这些具体原因的背后，资源配置发挥着极其重要的作用。譬如，孙浦阳和彭伟瑶（2014）指出FDI能够缓解企业在外源融资市场上面临的约束，可以显著地提高资本在企业间的配置效率，使得企业生产率趋于集中进而提升行业总体的生产效率。因此，资源配置效应无论是从效率改进还是从要素的合理利用角度均可能对出口产生重要影响。张杰和郑文平（2015）采用我国企业数据实证发现政府补贴对出口集约边际影响（数量扩张）不大，而对企业出口扩展边际（种类扩张）具有显著的U型影响。关于我国资源错配问题，更多研究关注资本错配，而产生资本配置扭曲的主要因素是融资约束，Chaney（2005b）研究指出受到流动性约束小的企业更有可能克服出口时面临的固定成本而进入出口市场，Manova（2008）则指出企业出口时除去固定成本，还面临中间品购买、运输费用、关税等类别的可变成本，融资约束的存在则可能减少企业可变成本的支出进而影响出口；同时企业在面临融资约束时，资本投入不能达到最优规模，

① 思客专访魏尚进：反腐是对企业的间接减税，http://sike.news.cn/statics/sike/posts/2016/03/219493900.html.

从而造成要素错误配置，所以在融资约束影响出口的过程中，资源配置同样发挥了重要的作用。

目前直接研究资源错配和出口贸易关系的文献相对较少。部分研究关注于贸易对资源配置的影响，Epifani 和 Gancia（2011）在一般均衡框架下研究了贸易、加成率和资源错配的关系，认为贸易或其他扭曲造就了企业间加成率的异质性，进一步造成了行业间的资源错配问题。宋结焱和施炳展（2014）基于我国地区行业数据研究了出口对资源配置的影响，实证发现出口贸易加剧了资源错配程度，这在高强度出口行业以及东部地区表现得尤为显著。钱学锋等（2016）研究了我国偏向型贸易政策所造成的资源错配，指出资源错配引起的效率损失将导致贸易利益下降。直接关注要素配置对出口影响的文献均是从要素扭曲的视角展开，张杰等（2011）认为要素市场的控制策略可能会导致我国企业出口成本与出口行为的变化，促使企业将要素扭曲转化为出口优势，从而激励企业出口。基于相同逻辑，施炳展和冼国明（2012）实证发现要素价格的负向扭曲促进了企业出口。康志勇（2014）研究指出，要素市场扭曲对企业出口选择和出口数量具有相反的作用，要素扭曲会提高企业出口概率，但会抑制出口企业出口规模的提升。这些研究采用的要素市场扭曲指标比较简单，且主要关注行业内或行业间资源错配，以及地区层面的要素扭曲，缺乏对企业层面要素间配置效率的进一步刻画。如何度量我国微观企业层面的资源错配？企业层面的资源配置将如何影响企业出口行为？目前还缺乏相关研究。本章的贡献主要体现在三个方面：第一，借鉴 Hsieh 和 Klenow（2009）的研究框架，不仅采用要素扭曲度等来衡量企业资源配置效率，而且进一步构建了能够反映企业要素间错配程度的度量指标；采用我国工业企业数据进行测算，发现出口企业的平均资源错配低于非出口企业；而随着企业出口强度的升高，企业的资本扭曲程度在上升，劳动扭曲程度在下降。第二，探讨了资源错配影响企业出口的两条路径——生产率效应和要素替代效应，从微观企业层面构建了资源错配影响出口选择及出口强度的 Heckman 两阶段选择模型，结合企业面板数据进行了实证分析，研究表明要素替代效应在资源错配影响出口行为的过程中起到主导作用，因此资源错配和资本扭曲会促进出口概率以及出口强度的提升，劳动扭曲会降低出口概率以及出口企业的出口强度；而以加工贸易为主的外贸特征是造成资本扭曲程度高的企业出口概率相对更高、出口强度相对更大的重要原因，在生产中资本品价格上升时，企业会选择使用更具有相对优势的劳动力，反而有利于我国劳动密集型生产企业的出口。第三，本章同时考察融资约束如何影响资源错配与出口行为之间的关系，结果发现融资约束收紧有利于企业出口以及增加出口强度，同时会改变资源错配影响出口选择的程度。

6.2　出口与非出口企业资源错配的统计特征

正如前文第 3 章所介绍的，现有研究较多的是基于 Hsieh 和 Klenow（2009）的方法来测度资源错配，这种错配被认为是单位资本、劳动力或者中间品获得补贴或征收税收的比例，错配的存在往往源于政策干预。例如，对于面临不同融资约束的企业而言，受约束程度高的企业资本扭曲可能较高，而能够获得优惠信用的企业将面临较低的资本扭曲。本章旨在从企业层面上探讨资源错配与出口行为间的关联，生产率损失、加成率差异往往只能够反映企业间、行业内或者行业间乃至地区间的错配，因此，这里选择对要素扭曲进行测度的方法对企业资源错配程度进行定量分析，测度模型参考 Hsieh 和 Klenow（2009）、Oberfield（2011）等的研究，具体模型及方法介绍见第 3.2.1 节。本章所使用的样本数据同样采用1998～2007 中国工业企业数据库，考虑到数据库存在变量信息缺失和异常值问题，类似于第 2 章进行原始数据处理，剔除 2004 年企业数据；同时剔除一些变量值与实际意义不符的企业样本。

根据第 3 章，首先测度行业要素产出弹性α_s和β_s；然后根据式（3.9）和式（3.10）度量存在要素扭曲时的资本和劳动边际产出 mrpk、mrpl 等，根据式（3.11）和式（3.12）测度资本和劳动要素扭曲$\tau_{K_{si}}$和$\tau_{L_{si}}$，下文分别采用τk、τl 表示，根据式（3.13）和式（3.14）测度企业内资源错配指标 miss1、miss2 等；进一步构建企业的边际产出价值的前沿接近程度指标（mrpll 和 mrpkk）来反映，计算方法为企业的边际产出价值（mrpl 和 mrpk）与所在 4 位码行业内企业相应边际产出价值的最大值之比。

在测度各类企业资源错配指标的基础上，将样本企业区分出口与非出口企业，并根据出口企业出口销售比重分为低、中、高三个类型，将测度的资源配置水平进行对比分析。表 6.1 给出了各类企业资源错配指标的均值比较。可以看出，与非出口企业相比，出口企业资源错配均值更高，其原因可能是我国非市场化导致的要素扭曲，极大程度上促进了出口，同时也增加了资源错配的程度（宋结焱和施炳展，2014）；随着出口强度的变化，企业的资源错配程度是不同的，高强度出口企业的平均错配程度最高；资本的边际价值随着出口强度的提升而升高，劳动边际价值随着出口强度的提升而下降。

表 6.1　出口企业和非出口企业不同资源错配指标均值的比较

类型	名称	miss1	miss2	τk	τl	mrpk	mrpl	mrpkk	mrpll
非出口企业	观测值	309 745	309 745	309 745	309 745	309 745	309 745	309 745	309 745
	均值	1.288 7	0.117 5	0.926 4	−0.151 2	0.033 7	1.931 5	0.158 1	0.285 5

续表

类型	名称	miss1	miss2	τk	τl	mrpk	mrpl	mrpkk	mrpll
出口企业	观测值	109 734	109 734	109 734	109 734	109 734	109 734	109 734	109 734
	均值	1.613 7	0.165 1	1.293 8	−0.261 9	0.039 7	1.862 4	0.184 8	0.275 8
低强度出口企业	观测值	27 390	27 390	27 390	27 390	27 390	27 390	27 390	27 390
	均值	1.275 1	0.118 7	0.832 1	−0.158 2	0.033 3	2.078 7	0.155 5	0.307 0
中等强度出口企业	观测值	36 381	36 381	36 381	36 381	36 381	36 381	36 381	36 381
	均值	1.433 0	0.138 8	1.006 0	−0.218 4	0.035 0	1.916 7	0.162 9	0.284 0
高强度出口企业	观测值	45 963	45 963	45 963	45 963	45 963	45 963	45 963	45 963
	均值	1.958 5	0.213 7	1.512 2	−0.323 0	0.043 3	1.653 2	0.201 0	0.245 5

注：出口强度>0.8，则定义为高出口强度企业；0.2<出口强度≤0.8，则定义为中等强度出口企业；出口强度≤0.2，则定义为低出口强度企业

进一步对分年份出口与非出口企业总体资源错配 miss1 进行了差异性检验（表 6.2），发现出口企业和非出口企业的资源错配程度存在显著的差异，出口企业的资源错配程度年份均值大致呈现下降趋势，非出口企业资源错配值并未呈现规律性变化，与出口企业相比，其资源错配程度均值较小，方差也较小。

表 6.2　出口与非出口企业资源错配程度的差异性检验

年份	企业分类	企业数目	mean_miss1	sd_miss1	*T*-test	KS 同分布检验
1998	非出口企业	13 177	1.795 5	2.167 1	0.000 0	0.004
	出口企业	4 773	2.197 5	2.396 3		
1999	非出口企业	21 032	1.278 7	1.484 2	0.000 0	0.000
	出口企业	6 933	1.633 9	1.784 8		
2000	非出口企业	20 829	1.311 8	1.541 5	0.000 1	0.000
	出口企业	7 520	1.681 8	1.826 8		
2001	非出口企业	24 200	1.340 0	1.611 8	0.001 3	0.000
	出口企业	8 748	1.714 0	1.896 6		
2002	非出口企业	27 739	1.255 8	1.519 5	0.865 3	0.001
	出口企业	10 575	1.631 1	1.819 3		
2003	非出口企业	32 562	1.220 5	1.127 0	0.151 2	0.000
	出口企业	12 474	1.585 7	1.789 3		

续表

年份	企业分类	企业数目	mean_miss1	sd_miss1	*T*-test	KS 同分布检验
2005	非出口企业	48 322	1.377 7	1.720 9	0.000 0	0.000
	出口企业	18 951	1.622 6	1.856 7		
2006	非出口企业	56 265	1.216 5	1.486 3	0.000 0	0.000
	出口企业	20 188	1.490 6	1.653 3		
2007	非出口企业	65 619	1.207 9	1.469 0	0.000 0	0.000
	出口企业	19 572	1.520 0	1.663 3		

6.3　资源错配影响出口行为的机制与计量模型

本节主要从“生产率效应”和“要素替代效应”两个层面讨论资源错配影响出口行为的机制。首先，资源错配通过“生产率效应”影响到企业的出口选择。已有研究表明，企业资源错配对于生产率具有重要的影响作用，如 Aoki（2012）采用法国、意大利、日本和美国分行业时间序列数据实证研究指出资源错配能解释这些国家之间 20%的生产率差异；Hsieh 和 Klenow（2009）研究表明，如果中国和印度的劳动和资本按照美国的边际产出来进行有效配置，制造业的生产率可分别提升 30%～50%和 40%～60%。企业资源错配对于生产率的这种影响使得一些企业不能克服出口固定成本，不能进入出口市场。但根据已有的针对中国的众多实证研究，并没有得到和新新贸易理论一致的结论，一些研究认为中国出口企业存在“生产率悖论”，指出由于加工贸易模式等因素，生产率对企业出口行为的影响可能与假设相反。此外，需要注意到，无论是 Aoki（2012），还是 Hsieh 和 Klenow（2009）的研究，均是对行业整体生产率进行度量，一方面，行业内的资本、劳动力等要素的自由流动，会促进要素向生产率高的企业流动，从而促进整体要素生产率提高；另一方面，行业内要素充分自由流动的结果是，企业生产率分布更加集中，也将导致整体生产率提高。毛其淋（2013）的研究表明要素市场的扭曲会对工业企业生产率的提高产生显著的抑制作用，这种要素扭曲不仅能够降低企业内部的生产率提升，同时还会显著地抑制跨企业的资源配置效率。不同的是，本章要讨论的主要问题是企业生产过程资本和劳动力的配置与出口间的关联，资源错配可能使得要素边际产出无法达到最优，从而降低企业全要素生产率。

其次，资源错配可能通过“要素替代效应”影响到企业的出口选择。企业往往能在资源错配过程中取得某些竞争优势，如施炳展和冼国明（2012）通过要素的边际产出与要素价格之比来界定要素使用的价格扭曲，这种价格扭曲事实上反映了要素应得报酬与实际报酬的差异，若负向扭曲程度越高，那么企业获取的利润空间将越大，越容易克服出口的固定成本。也就是说，在企业内部要素配置的过程中，资源错配可能通过“要素替代”效应对出口产生拉动作用。在企业生产过程中，如果资本或劳动力无法达到最优的配给状态，那么企业只能通过次优选择采用其他生产要素进行替代。张杰等（2011）研究了要素扭曲与中国企业出口的关系，指出要素扭曲影响了本土企业和外资企业出口的竞争力。祝树金和赵玉龙（2016）实证指出资本劳动的相对价格变化会对要素使用乃至收入份额产生重要影响。因此，资本品和劳动品相对价格变化所产生的“要素替代”效应，将改变企业生产的固定成本和可变成本，导致产品价格变化，进而影响企业的出口比较优势以及企业出口概率。

此外，研究资源错配对我国企业出口行为的影响时，不可忽视非市场化的因素。众多研究表明，我国资源错配在很大程度上是因为政府干预所导致的要素市场扭曲，这种干预不仅影响到资源配置效率和生产成本，而且必然会影响到企业出口；特别是我国金融市场存在明显的所有制歧视，使得资源配置具有显著的非市场化特征（韩剑和郑秋玲，2014）。这里主要讨论政府干预下所导致的企业融资约束。国务院发展研究中心发布的《中国企业经营者问卷跟踪调查报告》指出融资约束是影响企业发展的主要因素。Brandt 和 Li（2003）基于我国江浙地区企业调查数据，实证发现民营企业通常较国有企业需要付出更大的代价来获得贷款；刘小玄和周晓艳（2011）指出国企和私营企业在融资成本方面的不平等，使得民营企业约束更多，导致资本配置效率低下。非国有企业、缺乏政企或银企“关系”的企业通常会面临间接融资机构的“惜贷”和“信贷配给”行为，导致外源融资成本提升，其最直接的后果当然是其投资规模无法达到最优水平（Fazzari et al., 1988），造成企业的资本错配，进而影响全要素错配。同时，融资约束下，企业可能无法克服出口沉没成本、固定成本，无法协助企业分散风险、无法保证流动性，从而对出口产生显著影响（Manova，2008；阳佳余，2012）。

在以上理论机制分析的基础上，进一步建立资源错配影响企业出口的计量模型进行实证研究。企业出口选择受制于自身条件的选择，简单地将非出口企业与出口企业等同对待将会造成有偏的估计。所以本章结合 Heckman（1979）、盛丹（2013）的研究，建立两阶段选择模型，考察资源错配对我国企业出口选择以及出口强度的影响。第一阶段是企业的出口选择回归模型：

$$\text{exdum}_{it} = \alpha_1 \text{miss}_{it-1} + \sum_1^J \beta_j X_{j,\,it-1} + \delta_{it} \tag{6.1}$$

其中，exdum 表示企业是否出口的虚拟变量，第一阶段采用的是 Probit 估计方法；miss 表示企业资源错配的变量，考虑到企业资源错配对于企业出口行为的影响存在时滞性，也为了在一定程度上解决模型估计的内生性问题（Reed，2015），这里采用资源错配的一阶滞后变量；X 表示影响到企业是否出口的其他解释变量；α 和 β 表示回归系数；δ 表示随机扰动项；下标 i 表示企业；t 表示年份。

第二阶段建立企业出口强度模型如下：

$$\text{exshare}_{it} = \alpha_2 \text{miss}_{it-1} + \sum_1^J \beta_j Z_{j,it-1} + \varepsilon_{it} \quad (6.2)$$

其中，exshare_{it} 表示出口企业的出口强度，即第 t 年 i 企业的出口交货值与工业销售值的比例；Z 表示影响企业出口强度的其他解释变量；ε_{it} 表示第二阶段回归方程的随机扰动项。两个阶段的回归存在关联性，即假定 δ_{it} 和 ε_{it} 服从联合正态分布；所以当 δ_{it} 和 ε_{it} 相关系数不为零时，表明两个方程式是相关联的①，这时忽略任何一个回归阶段，都会造成另外一组回归方程估计系数出现偏差。Heckman（1979）在第二阶段模型估计时通过加入逆米尔斯比（inverse Mill's ratio）修正了有偏问题。同时，在采用 Heckman 选择模型进行实证时，通常需要在第一阶段出口选择模型中加入与第二阶段不同的控制变量，而这个额外控制变量的选择需要具备两个条件：其一，该控制变量只影响企业出口的选择，而不影响企业出口的规模，即具备排他性；其二，该控制变量外生，不受出口选择变量的干扰。借鉴阳佳余（2012）的研究，选择企业前一期是否出口这一滞后的被解释变量作为该控制变量。这是因为前期的出口历史可以帮助企业克服沉没成本，从而有利于企业继续进行出口（Roberts and Tybout，1997）。两个阶段的其他解释变量相同。

被解释变量为出口虚拟变量（exdum）和出口强度变量（exshare），主要的解释变量为企业资源错配变量，主要选择前文测算的变量 miss1、miss2、mrpk、mrpl、τk、τl，去除结果中 5%和大于 95%的样本。此外，参考 Bernard 和 Jensen（2004）、阳佳余（2012）的研究，选择其他控制变量如下：①资本密集度对数值（lnci），资本密集度采用固定资产净值与年均就业人数的比值来衡量；②企业人力资本水平的对数值（lnpwage），由于数据库原因，企业层面受教育程度数据是不可获得的，因此此变量使用员工平均工资的对数值替代；③企业面临的实际税率水平（tax），计算方法为企业应交的增值税与年销售收入的比，样本的使用过程中去除了不合理数据；④企业年龄（age），其大小为当年时间减去企业成立年份，去除负值以及大于 60 的值。另外，所有的数据由相应的价格指数进行平减，折算成 1998 年不变价。如工业总产值、销售利润等使用工业品出厂价格指数进行平减，劳动报酬使用 CPI 进行平减，中间投入使用原材料、燃料、动力购进价格指数进行平减。此外，选择企业的利息支出比例（intestexp）作为融资约束的代理变量，其值越大表明企业面临的融资约束越小，相当于融资约束的逆向度量；同时计算企业劳动收入份额（laborshare），作为企业劳动比较优势的代理变量，以企业增

① 在接下来的回归结果中，将给出相关系数 ρ 的取值及显著性水平。

加值中劳动报酬与福利费用的比重来衡量；企业生产率水平的对数值（lntfp），使用 LP 方法在对生产函数的估算过程中得到。表 6.3 是对解释变量的描述性统计。

表 6.3　主要变量的描述性统计

变量	观测值	均值	标准差	最小值	最大值
lnci	419 479	3.608 8	1.075 4	–6.530 9	9.658 7
lnpwage	419 479	2.357 2	0.532 6	–2.474 4	4.836 8
tax	419 479	0.036 9	0.031 1	0	1
age	419 479	12.67 4	10.499 3	0	60
lntfp	419 479	6.076 7	0.920 5	–2.889 3	12.913 7
laborshare	419 479	0.538 6	0.215 7	0.000 7	0.996 3
intestexp	419 479	0.071 5	0.099 1	1.87×10^{-6}	1

6.4　资源错配影响出口行为的实证分析

6.4.1　资源错配影响出口行为的初步回归

表 6.4 给出了采用企业资源错配指数 miss1、资本扭曲指数 τk、劳动力扭曲指数 τl 作为主要解释变量的回归结果。资源错配对出口选择（概率）和出口强度均具有显著正的促进作用，这与施炳展和冼国明（2012）关于要素配置扭曲对出口行为的影响结论一致。资本扭曲对出口行为的影响也是显著为正，也就是说，样本期间资本扭曲有助于企业出口概率提高以及出口强度提升；但劳动扭曲对出口行为的影响在 1%显著水平下为负，对此结论的直观理解是劳动扭曲实际上增加了劳动品相对价格，削弱了出口产品的价格优势，进而对出口行为造成负向作用。关于其他控制变量，企业历史出口行为对企业当前出口概率具有显著地正向作用，这与 Roberts 和 Tybout（1997）、阳佳余（2012）的结论相同。企业过往的出口经验，更有利于其克服信息不对称、信息调研等所带来的固定成本，能够为企业顺利出口提供经验。人均资本存量（lnci）对于出口概率的影响显著为负，与阳佳余（2012）的结论一致。长期以来，我国作为劳动力资源充沛的国家，出口中密集使用劳动力投入的商品更具备比较优势；具有较高工资水平的企业的出口概率比较大，表示愿意支付给劳动力更高工资的企业具有更大的出口可能性；税负成本、企业年限对出口概率的影响显著为负，这表明样本期间承受较低税率水平、成立年限较短的企业更倾向于出口。此外，观察各变量对出口强度的影响，结果显示劳动密集程度更高、工资率更高、成立年限更短、税负水平较低的企业其出口的集约边际（强度）更大。

表 6.4 企业资源错配影响出口的基本回归结果

解释变量	(1)	(2)	(3)	(4)	(5)	(6)
	exdum	exshare	exdum	exshare	exdum	exshare
$miss1_{t-1}$	0.012*** (0.003 0)	0.008*** (0.000 9)				
τk_{t-1}			0.014*** (0.003 2)	0.008*** (0.000 9)		
τl_{t-1}					–0.120*** (0.014 5)	–0.056*** (0.004 8)
$exdum_{t-1}$	2.791*** (0.009 9)		2.791*** (0.009 9)		2.790*** (0.009 9)	
$lnci_{t-1}$	–0.035*** (0.005 2)	–0.065*** (0.001 6)	–0.033*** (0.005 3)	–0.064*** (0.001 6)	–0.026*** (0.005 3)	–0.062*** (0.001 7)
$lnpwage_{t-1}$	0.252*** (0.011 2)	0.033*** (0.003 6)	0.231*** (0.011 4)	0.033*** (0.003 6)	0.233*** (0.011 5)	0.027*** (0.003 6)
tax_{t-1}	–2.151*** (0.183)	–1.183*** (0.057 8)	–2.140*** (0.183)	–1.183*** (0.057 8)	–2.157*** (0.183)	–1.181*** (0.057 8)
age_{t-1}	–0.002*** (0.000 5)	–0.005*** (0.000 2)	–0.003*** (0.000 5)	–0.005*** (0.000 2)	–0.003*** (0.000 5)	–0.006*** (0.000 2)
行业	控制	控制	控制	控制	控制	控制
年份	控制	控制	控制	控制	控制	控制
常数项	–2.985*** (0.098 2)	0.701*** (0.051 4)	–2.981*** (0.098 0)	0.704*** (0.051 4)	–2.957*** (0.097 7)	0.715*** (0.051 3)
Wald chi^2	11 949.25***		11 952.86***		12 028.55***	
ρ	–0.385 8***		–0.385 8***		–0.384 6***	
样本容量	177 386	177 386	177 386	177 386	177 386	177 386

注：表中括号内数值为相应估计系数的标准误；表中 Wald chi^2 是检验模型总体拟合的统计量，其显著程度解释了模型的总体回归效果；ρ 表示二步回归中扰动项间的相关系数，其显著性说明了采用 Heckman 模型可以修正选择偏误问题

***分别表示在 1%的显著性水平上显著不为 0

进一步利用资源错配变量 miss2，以及要素边际产出价值（mrpl 和 mrpk）、边际产出价值的前沿接近程度指标（mrpll 和 mrpkk）来替换要素扭曲度指标，采用基本回归模型分别进行回归分析，结果与前文结论基本一致①。

① 这里没有列出相应的回归结果，有兴趣的读者可以向作者获取。

6.4.2 资源错配影响出口行为的机制检验

前文的理论机制分析讨论了资源错配对出口的生产率效应与要素替代效应。为了检验资源配置影响出口的作用机制，首先考察资源错配与生产率、要素替代的关系，然后分别将企业的生产率、要素收入份额和其他度量资源错配的变量进行回归，借助劳动收入份额作为主要变量检验要素替代效应，其原因是如果企业需要在生产过程中对要素使用进行调整，将直接影响生产中使用要素的收入份额，同时劳动收入份额的变化能够包含要素使用价格变动带来的影响，实证结果见表 6.5。根据结果，企业内整体资源错配对生产率具有显著的负效应，而对劳动收入份额存在显著的正向影响，符合 6.3 节的理论分析。资本扭曲和劳动扭曲对于生产率、劳动收入份额的影响则是相反的，劳动扭曲显著抑制了劳动收入份额的提高，而资本扭曲促进了劳动收入份额的上升，这是因为资本扭曲意味着资本品相对价格提升，这将使得企业提高劳动要素的配置规模；进一步观察劳动收入份额的回归结果，拟合优度均在 0.35 以上，特别是劳动扭曲对劳动收入份额的回归方程的拟合优度达到了 0.58，说明资源错配能够在很大程度上解释劳动收入份额的变化，证明了资源错配存在着要素替代效应，从而进一步影响企业出口行为。要素扭曲对生产率的影响结果则更为直观，在我国劳动生产率不高的条件下，资本品的更多使用可以提高全要素生产效率，资本扭曲会显著降低生产中资本品的配置，从而对生产率产生负向影响，这与王林辉和袁礼（2014）的研究结论一致。劳动扭曲则会促使企业提高生产技术，增加资本品的使用，从而显著促进企业生产率的提升。

表 6.5　资源错配与生产率、劳动收入份额的关系

变量	lntfp	lntfp	lntfp	laborshare	laborshare	laborshare
miss1	−0.080*** （0.000 9）			0.082*** （0.000 2）		
τk		−0.093*** （0.000 9）			0.093*** （0.000 2）	
τl			0.413*** （0.003 4）			−0.400*** （0.000 5）
常数	6.187*** （0.001 8）	6.162*** （0.001 6）	6.145*** （0.001 5）	0.426*** （0.000 3）	0.453*** （0.000 3）	0.472*** （0.000 2）
样本容量	419 479	419 479	419 479	419 479	419 479	419 479
R^2	0.021	0.026	0.034	0.391	0.470	0.580

注：表中括号内数值为相应估计系数的标准误

***表示估计系数在 1%的显著性水平上统计显著

在以上回归的基础上，进一步考察生产率、劳动收入份额对出口行为的影响，结果见表 6.6，其中列（1）、列（2）是在上一节基本回归模型中去除资源错配，加入生产率变量的回归结果；列（3）、列（4）报告了在基本回归模型中去除资源错配，加入劳动收入份额的回归结果；列（5）～列（8）则给出了在基本回归模型中依次加入生产率、劳动收入份额的回归结果。从生产率效应方面而言，相对于我国企业生产率悖论的研究（李春顶等，2010；盛丹，2013），这里结果表明，企业生产率的上升有助于提高企业出口概率；但其负向影响了企业的出口强度，这与阳佳余（2012）的研究结论一致，正如 Bernard 和 Jensen（1999）研究强调的，生产率效应可能更多的是影响企业出口选择，而非企业出口的规模边际，同时出口的数量扩张还受到诸如外部市场需求、产品间替代关系等诸多不可测变量的影响。关于要素替代效应的检验，劳动收入份额的提升对出口行为的影响有促进作用，加工贸易作为我国不可忽略的主要出口方式，出口贸易的扩大正是依赖于劳动比较优势，这也说明在研究影响我国贸易发展的因素时，生产要素配置是不容忽略的。同时，这里发现在控制了劳动收入份额之后，资源错配对出口行为的影响不再显著,从而进一步验证了资源错配通过要素替代效应影响出口的事实。要素替代效应的另一种解释正如施炳展和冼国明（2012）研究指出的，当要素应得报酬大于要素实际报酬所得时，要素价格被负向扭曲，企业获取利润的空间范围将会变大，从而能够更轻松地克服出口固定成本。这里度量的企业整体资源错配指数 miss1 实际上就是资本和劳动价格负向扭曲的差异程度，那么一种要素价格的负向扭曲在很大程度上与另一种要素价格的负向扭曲存在差别，事实上反映了企业出口比较优势的凸显，也证明了要素替代效应的存在。综合而言，本章研究表明，企业劳动和资本错配在一定程度上强化了企业的出口比较优势，而我国长期以加工贸易为主的出口模式依赖的正是低廉的劳动成本，因此资源错配对我国的贸易边际增长存在促进作用。

表 6.6　生产率效应与要素替代效应的检验

变量	（1）	（2）	（3）	（4）	（5）	（6）	（7）	（8）
	exdum	exshare	exdum	exshare	exdum	exshare	exdum	exshare
$miss1_{t-1}$					0.017*** （0.003 1）	0.003*** （0.000 9）	−0.001 45 （0.003 86）	-7.88×10^{-5} （0.001 13）
$lntfp_{t-1}$	0.057*** （0.005 9）	−0.538*** （0.001 8）			0.063*** （0.006 0）	−0.053*** （0.001 8）	0.073*** （0.006 1）	−0.051 1*** （0.001 9）
$laborshare_{t-1}$			0.268*** （0.026 9）	0.043*** （0.008 4）			0.275*** （0.033 6）	0.044 3*** （0.010 5）
样本容量	177 386	177 386	177 386	177 386	177 386	177 386	177 386	177 386

注：表中括号内数值为相应估计系数的标准误；采用 Heckman 回归方法，其他解释变量结果与基本回归一致，为叙述的简洁，这里没有给出

***表示估计系数在 1%的显著性水平上统计显著

6.4.3　考虑企业异质性的分样本回归分析

考虑到企业的异质性，进一步将总体企业样本按照要素密集度、所有制类型、出口强度等进行划分，分组进行回归，从而考察不同异质性企业资源错配对出口行为的影响是否存在差异。区分不同要素密集度企业分组回归结果见表 6.7。对于不同要素密集型企业，各控制变量的回归系数方向、显著性程度均未发生较大改变，仅在影响程度上略有变化。对于劳动密集型和资本密集型企业，主要解释变量资源错配对出口选择和出口强度的影响依然显著为正，而技术密集型企业资源错配对出口行为的影响变得不再显著。一方面我国劳动密集、资本密集型企业以加工贸易为主，出口在很大程度上还是依赖低劳动力成本优势，资源错配促使企业更加偏向单一要素的使用，从而为其争取了更多的生产利润，在出口中表现更有优势，而这在技术密集型企业中则不存在。另一方面，企业面临的实际税率变量对不同类型企业出口的影响差异明显，对于劳动密集型企业，实际税率每提高 1%，出口强度大约下降 0.609%，对于资本密集型企业，相应的变化幅度达到了 1.353%，而对技术密集型企业而言则更高，下降幅度达到了 1.832%，可见在对出口强度的影响上，实际税率的变化对于技术密集型企业的出口强度影响最大，而对劳动密集型企业影响最小；而实际税率变量对出口选择的影响方面，对资本密集型企业影响效应最大，对技术密集型企业影响效应最小。也就是说，对于技术密集型企业而言，其出口选择受到税收因素的影响小于资本密集型企业，而对于已经出口的企业，税负对技术密集型企业出口扩张的影响则要大于资本密集型企业。背后的政策含义是对于当前我国企业生产从要素驱动向创新驱动转型，降低其税负是应时之举，特别是针对不同要素密集度企业，要注意其影响效应的差异性，合理促进出口贸易发展。

表 6.7　不同要素密集度企业资源错配对出口行为的影响

变量	劳动密集型		资本密集型		技术密集型	
	(1)	(2)	(3)	(4)	(5)	(6)
	exdum	exshare	exdum	exshare	exdum	exshare
$miss1_{t-1}$	0.024*** (0.004 5)	0.003** (0.001 2)	0.029*** (0.007 9)	0.014*** (0.002 8)	0.004 (0.005 0)	−0.003 (0.001 7)
$exdum_{t-1}$	2.778*** (0.014 8)		2.876*** (0.025 9)		2.745*** (0.015 6)	
$lnci_{t-1}$	−0.041*** (0.007 7)	−0.058*** (0.002 1)	−0.072*** (0.013 0)	−0.083*** (0.004 8)	−0.009 (0.008 6)	−0.065*** (0.002 9)
$lnpwage_{t-1}$	0.206*** (0.017 1)	0.058*** (0.004 8)	0.288*** (0.028 7)	0.084*** (0.010 5)	0.239*** (0.018 1)	0.026*** (0.006 3)

续表

变量	劳动密集型		资本密集型		技术密集型	
	(1)	(2)	(3)	(4)	(5)	(6)
	exdum	exshare	exdum	exshare	exdum	exshare
tax_{t-1}	-2.275^{***} (0.292)	-0.609^{***} (0.081 1)	-2.370^{***} (0.454 0)	-1.353^{***} (0.167 0)	-1.903^{***} (0.276 0)	-1.832^{***} (0.093 3)
age_{t-1}	-0.002^{**} (0.001 0)	-0.003^{***} (0.000 3)	-0.003^{**} (0.001 5)	-0.006^{***} (0.000 6)	-0.004^{***} (0.000 7)	-0.005^{***} (0.000 2)
$lntfp_{t-1}$	0.042^{***} (0.008 9)	-0.053^{***} (0.002 5)	0.084^{***} (0.015 9)	-0.065^{***} (0.005 8)	0.079^{***} (0.009 3)	-0.048^{***} (0.003 1)
常数项	-2.413^{***} (0.081 2)	1.115^{***} (0.023 0)	-3.545^{***} (0.160)	1.020^{***} (0.072 4)	-3.495^{***} (0.153)	1.150^{***} (0.067 7)
行业	控制	控制	控制	控制	控制	控制
年份	控制	控制	控制	控制	控制	控制
Wald chi^2	$4\,164.10^{***}$		$1\,253.64^{***}$		$3\,217.04^{***}$	
ρ	$-0.452\,6^{***}$		$-0.314\,4^{***}$		$-0.376\,1^{***}$	
样本容量	71 816	71 816	36 854	36 854	68 716	68 716

注：表中括号内数值为相应估计系数的标准误

***、**分别表示在 1%、5%的显著性水平上显著不为 0

我国不同所有制企业所面临的要素扭曲程度存在显著差异，表 6.8 报告了按照企业所有制性质，区分为国有企业和非国有企业的分组回归结果。对于国有企业与非国有企业而言，资源错配对出口选择的影响并无差异；但国有企业资源错配对出口强度的影响不再显著，表明相较于非国有企业，资源错配对国有企业出口规模的扩张作用有限，或者说，对于已出口的国有企业而言，劳动成本优势已经不是制约其集约边际扩张的关键因素。

表 6.8　不同所有制性质企业资源错配对出口行为的影响

变量	国有企业		非国有企业	
	(1)	(2)	(3)	(4)
	exdum	exshare	exdum	exshare
$miss1_{t-1}$	$0.025\,9^{***}$ (0.007 9)	0.001 (0.002 3)	0.016^{***} (0.003 4)	0.004^{***} (0.001 0)
$exdum_{t-1}$	2.859^{***} (0.026 7)		2.761^{***} (0.010 7)	

续表

变量	国有企业		非国有企业	
	(1)	(2)	(3)	(4)
	exdum	exshare	exdum	exshare
$lnci_{t-1}$	0.005 7 (0.014 3)	−0.056 9*** (0.004 5)	−0.041 3*** (0.005 7)	−0.063 7*** (0.001 7)
$lnpwage_{t-1}$	0.135*** (0.029 0)	0.040*** (0.008 9)	0.242*** (0.012 5)	0.049*** (0.004 0)
tax_{t-1}	−1.315*** (0.426 0)	−1.065*** (0.142 0)	−2.261*** (0.204 0)	−1.178*** (0.062 6)
age_{t-1}	0.001 (0.001 1)	−0.003*** (0.000 3)	−0.003*** (0.000 7)	−0.004*** (0.000 2)
$lntfp_{t-1}$	0.107*** (0.015 5)	−0.071*** (0.004 7)	0.059*** (0.006 5)	−0.048*** (0.002 0)
行业	控制	控制	控制	控制
年份	控制	控制	控制	控制
常数项	−3.706*** (0.176 0)	1.105*** (0.081 9)	−3.214*** (0.141 0)	0.939*** (0.068 1)
Wald chi^2	2 728.45***		9 829.80***	
ρ	−0.294 2***		−0.418 3***	
样本容量	32 472	32 472	144 914	144 914

注：表中括号内数值为相应估计系数的标准误

***表示在 1%的显著性水平上显著不为 0

戴觅和余淼杰（2014）指出企业出口的强度与贸易模式有很强的关联，基于加工贸易模式的出口企业其出口强度一般比较高。因此，本书进一步区分出口强度进行实证分析，结果见表 6.9。结论表明，资源错配对出口的促进效应在高出口强度企业中表现最为显著，而高出口强度企业多以加工贸易模式参与出口，其主要依赖劳动成本优势，因此资源错配通过“要素替代”效应对出口产生显著影响。

表 6.9　不同出口强度企业资源错配对出口行为的影响

变量	低出口强度		中出口强度		高出口强度	
	(1)	(2)	(3)	(4)	(5)	(6)
	exdum	exshare	exdum	exshare	exdum	exshare
$miss1_{t-1}$	0.009** (0.004 2)	−0.000 6 (0.000 3)	−0.000 4 (0.004 4)	−0.000 6 (0.000 9)	0.030*** (0.004 4)	0.000 5** (0.000 2)
$exdum_{t-1}$	2.226*** (0.013 3)		2.766*** (0.013 6)		2.970*** (0.015 5)	

续表

变量	低出口强度		中出口强度		高出口强度	
	（1）	（2）	（3）	（4）	（5）	（6）
	exdum	exshare	exdum	exshare	exdum	exshare
lnci_{t-1}	0.065^{***} （0.007 0）	-0.002^{***} （0.000 6）	-0.027^{***} （0.007 4）	-0.017^{***} （0.001 5）	-0.189^{***} （0.007 9）	-0.005^{***} （0.000 4）
lnpwage_{t-1}	0.174^{***} （0.014 6）	-0.003^{**} （0.001 3）	0.225^{***} （0.015 9）	0.0139^{***} （0.003 3）	0.341^{***} （0.017 6）	0.002^{**} （0.001 0）
tax_{t-1}	-0.601^{***} （0.231）	-0.137^{***} （0.020 2）	-3.890^{***} （0.267）	-0.432^{***} （0.054 5）	-4.355^{***} （0.287）	0.058^{***} （0.015 8）
age_{t-1}	0.003^{***} （0.000 6）	$-0.000\,4^{***}$ 4.64×10^{-5}	-0.003^{***} （0.000 8）	$-0.000\,6^{***}$ （0.000 2）	-0.012^{***} （0.001 0）	$-0.000\,3^{***}$ 6.02×10^{-5}
lntfp_{t-1}	0.151^{***} （0.007 6）	-0.005^{***} （0.000 6）	0.032^{***} （0.008 3）	-0.013^{***} （0.001 7）	-0.041^{***} （0.009 5）	-0.002^{***} （0.000 5）
行业	控制	控制	控制	控制	控制	控制
年份	控制	控制	控制	控制	控制	控制
常数项	-4.303^{***} （0.113）	0.156^{***} （0.011 6）	-3.779^{***} （0.199）	0.637^{***} （0.066 9）	-3.485^{***} （0.258）	0.928^{***} （0.032 7）
Wald chi^2	516.09^{***}		703.64^{***}		776.09^{***}	
ρ	$-0.241\,3^{***}$		$-0.146\,9^{***}$		$0.009\,6^{***}$	
样本容量	139 556	139 556	144 198	144 198	147 256	147 256

注：表中括号内数值为相应估计系数的标准误

***、**分别表示在1%、5%的显著性水平上显著不为0

前文基本回归研究结论表明，整体资源错配和资本扭曲对出口存在促进作用，其原因在于生产率效应并未在影响过程中发挥主导作用，为了探讨前文提出的要素替代效应，本书进一步实证检验了不同异质性企业资本扭曲对于出口行为的影响（表6.10～表6.12）。在区分要素密集度企业后分组回归表明，资本扭曲对于资本密集型和劳动密集型企业的出口选择和出口强度的正向影响显著，但对于技术密集型企业出口强度存在负向影响，其原因可能是因为资本扭曲的扩大，会促进要素收入份额的提高，对于我国大量的加工贸易（非技术密集型）企业，劳动相对投入的扩大，有助于凸显企业贸易过程中的比较优势，进而促进出口概率以及出口强度的增加。按照不同所有制区分，结果与企业整体错配结论一致，对于非国有企业资本错配效应显著，而国有企业中资本错配对出口强度的影响不再显著。

对区分不同出口强度企业进行分组回归，结果表明当企业转为高出口强度企业，资本的扭曲与出口概率存在正向关系；资本的扭曲程度越高，出口企业的出口强度越大，影响在 5%水平下显著，但效应微弱。加工贸易类型的企业往往表现为高出口强度特征，资本扭曲凸显了企业的劳动比较优势。对于中等强度出口企业而言，资本扭曲的影响不显著，甚至是负面的。

表 6.10　不同要素密集度企业资本扭曲对出口行为的影响

变量	劳动密集型		资本密集型		技术密集型	
	exdum	exshare	exdum	exshare	exdum	exshare
τk_{t-1}	0.027*** (0.004 7)	0.003*** (0.001 2)	0.033*** (0.008 3)	0.0157*** (0.003 0)	0.007 (0.005 3)	−0.004** (0.001 8)
样本容量	71 816	71 816	36 854	36 854	68 716	68 716

注：表中括号内数值为相应估计系数的标准误，其他解释变量结果与基本回归一致，为了叙述简洁，这里没有给出

***、**分别表示在 1%、5%的显著性水平上显著不为 0

表 6.11　不同所有制性质企业资本扭曲对出口行为的影响

变量	国有企业		非国有企业	
	exdum	exshare	exdum	exshare
τk_{t-1}	0.031*** (0.008 2)	0.0008 (0.002 4)	0.018*** (0.003 54)	0.004*** (0.001 0)
样本容量	32 472	32 472	144 914	144 914

注：表中括号内数值为相应估计系数的标准误，其他解释变量结果与基本回归一致，为了叙述简洁，这里没有给出

***表示在 1%的显著性水平上显著不为 0

表 6.12　不同出口强度企业资本扭曲对出口行为的影响

变量	低出口强度		中出口强度		高出口强度	
	exdum	exshare	exdum	exshare	exdum	exshare
τk_{t-1}	0.012*** (0.004 4)	−0.000 7** (0.000 4)	0.003 (0.004 7)	−0.000 7 (0.000 9)	0.033*** (0.004 6)	0.000 5** (0.000 2)
样本容量	139 556	139 556	144 198	144 198	147 256	147 256

注：表中括号内数值为相应估计系数的标准误，其他解释变量结果与基本回归一致，为了叙述简洁，这里没有给出

***、**分别表示在 1%、5%的显著性水平上显著不为 0

6.4.4　替换关键变量的稳健性分析

进一步利用资源错配变量 miss2，以及要素边际产出价值（mrpl 和 mrpk）、边际产出价值的前沿接近程度指标（mrpll 和 mrpkk）来替换要素扭曲度指标，采用基本回归模型分别进行稳健性回归分析，结果见表 6.13。实证表明，采用资源错配指标 miss2 替代后，回归结果与前文结论一致，样本期内我国的资源错配促

进出口概率提升，对出口企业的出口存在拉动效应；劳动的边际产出价值越高（越接近前沿），显著降低了企业的出口概率以及出口强度，因为我国一直以来以加工贸易出口为主，低廉的劳动力价格是固有的出口优势，劳动扭曲的提高将对我国企业出口造成负面影响；资本的边际产出价值越高，企业出口概率越大，而对于出口企业规模的影响不显著。其他控制变量对于企业出口选择和出口强度的影响结果与基本结论一致。

表 6.13　替换关键变量的稳健性分析

被解释变量	（1）	（2）	（3）	（4）	（5）
	$miss2_{t-1}$	$mrpl_{t-1}$	$mrpk_{t-1}$	$mrpll_{t-1}$	$mrpkk_{t-1}$
exdum	0.110*** （0.2185）	−0.071*** （0.007）	0.881*** （0.1800）	−0.479*** （0.0445）	0.188*** （0.0387）
exshare	0.0128*** （0.006）	−0.009*** （0.002）	0.052 （0.0525）	−0.065*** （0.0140）	0.009 （0.0113）

注：表中仅归纳了各回归结果中资源错配或者要素扭曲变量对于出口概率 exdum、出口强度 exshare 等的回归系数及其标准误，其他控制变量的回归结果略去；各回归系数下方小括号内数值为相应估计系数的标准误

***表示在 1%的显著性水平上显著不为 0

考虑到资本扭曲作为重要核心变量，其本身的变化会改变生产要素使用结构，从而影响企业整体资源错配，进而通过生产率效应、要素替代效应对出口产生影响。因此，在稳健性分析时，进一步选择 mrpk 作为企业资本扭曲的代理变量，区分样本企业的要素密集度类型后进行分组样本回归（表 6.14），结果发现，资本边际产出价值越高，劳动密集型企业出口概率越大，对于已出口企业，资本边际产出价值的提高对出口强度同样存在显著的促进作用；对于资本密集型企业而言，资本边际产出价值对出口概率和出口强度均具有显著的正向影响；但对于技术密集型企业而言，资本边际产出价值对出口概率影响不显著，而对出口企业的出口强度则具有一定抑制作用。因此，对于我国当前寻求向技术型出口转变而言，任何导致资本扭曲，例如造成资本品价格扭曲、边际产出价值非正常上升的因素都不利于出口转型升级，应尽可能降低我国技术型企业面临的各种资本扭曲可能，如加大对技术密集型企业的金融支持，破解融资约束等限制。

表 6.14　替换资本扭曲的分要素类型回归结果

解释变量	劳动密集型		资本密集型		技术密集型	
	exdum	exshare	exdum	exshare	exdum	exshare
$mrpk_{t-1}$	1.511*** （0.265 0）	0.144** （0.066 4）	1.260** （0.508）	0.798*** （0.188）	0.108 （0.283）	−0.346*** （0.094 5）
$exdum_{t-1}$	2.778*** （0.014 8）		2.877*** （0.025 8）		2.745*** （0.015 6）	

续表

解释变量	劳动密集型		资本密集型		技术密集型	
	exdum	exshare	exdum	exshare	exdum	exshare
$lnci_{t-1}$	-0.041^{***} (0.007 7)	-0.058^{***} (0.002 1)	-0.078^{***} (0.012 8)	-0.086^{***} (0.004 7)	-0.012 (0.008 5)	-0.066^{***} (0.002 9)
$lnpwage_{t-1}$	0.205^{***} (0.017 1)	0.058^{***} (0.004 8)	0.297^{***} (0.028 6)	0.087^{***} (0.010 4)	0.240^{***} (0.018 2)	0.028^{***} (0.006 3)
tax_{t-1}	-2.294^{***} (0.292 0)	-0.608^{***} (0.081 1)	-2.386^{***} (0.454 0)	-1.348^{***} (0.167 0)	-1.907^{***} (0.276 0)	-1.825^{***} (0.093 3)
age_{t-1}	-0.002^{**} (0.001 0)	-0.003^{***} (0.000 3)	-0.003^{**} (0.001 5)	-0.006^{***} (0.000 6)	-0.004^{***} (0.000 7)	-0.005^{***} (0.000 2)
$lntfp_{t-1}$	0.044^{***} (0.008 9)	-0.053^{***} (0.002 5)	0.082^{***} (0.015 9)	-0.065^{***} (0.005 8)	0.079^{***} (0.009 3)	-0.049^{***} (0.003 1)
行业	控制	控制	控制	控制	控制	控制
年份	控制	控制	控制	控制	控制	控制
常数项	-2.246^{***} (0.076 1)	1.150^{***} (0.021 5)	-3.440^{***} (0.160)	1.050^{***} (0.072 3)	-3.296^{***} (0.151)	1.161^{***} (0.067 1)
Wald chi^2	$4\,163.09^{***}$		$1\,246.34^{***}$		$3\,229.36^{***}$	
ρ	$-0.452\,3^{***}$		$-0.314\,0^{***}$		$-0.376\,6^{***}$	
样本容量	71 816	71 816	36 854	36 854	68 716	68 716

注：表中括号内数值为相应估计系数的标准误

***、**分别表示在 1%、5%的显著性水平上显著不为 0

6.5　资源错配影响企业出口行为的进一步分析：融资约束的作用

Chaney（2005b）、Manova（2008）均指出企业出口时除去固定成本，还面临中间品购买、运输费用、关税等类别的可变成本，融资约束的存在可能减少企业可变成本的支出从而影响出口，Restuccia 和 Rogerson（2013）研究指出借贷约束是影响资源错配的因素之一。此外，也正如前文机制分析所阐述的，我国采取渐进式市场化改革的思路，使得我国金融市场存在明显的所有制歧视，资源配置具有显著的非市场化特征（韩剑和郑秋玲，2014）。同时，融资约束和资源配置相关性极强，如要素替代效应的存在将导致企业劳动收入份额发生变化，祝树金和赵玉龙（2016）研究指出，外源融资约束对劳动收入份额存在促进效应，也就是说外源融资压力越大（资本扭曲），企业的劳动收入份额反而可能越高，本质上也是因为企业在面临融资约束或资本品价格较高（资本扭曲）的条件下，被迫加大劳动要素投入，从而促进劳动收入份额提升。同时，在影响出口方面，融资约束通过影响企业贸易过程中的各种成本能否被顺利支付，进而对出口行为产生影响（张杰，2015）。因此，本节进一步考虑在企业面临融资约束的条件下，资源错配如何影响企业的出口行为。本节在基本回归分析模型中引入融资约束变量以及资源错配变量与融资约束的交叉项，采用 Heckman 选择模型分别进行回归分析，结果见表 6.15。

表 6.15 中列（1）和列（2）给出了同时考虑企业的整体资源错配与融资约束的回归结果，融资约束变量对出口选择和出口强度均具有显著的负向影响，即紧的融资约束对于企业出口集约边际的扩张是有促进作用的，主要是因为融资约束导致资本品价格上升，降低了资本投入使用，相应增加了企业对于劳动力的雇佣，提高了劳动收入份额（祝树金和赵玉龙，2016），从而通过要素替代效应对出口产生有利影响。融资约束与资源错配的交互项在 5%的显著性水平下对出口选择有正向影响，而对企业出口强度影响不显著。也就是说，资源错配有利于促进企业选择出口；并且随着融资约束减弱，这种促进作用更强，这可能是因为融资约束越低，企业在进行资本、劳动力等要素投入转换的成本越小，从而要素替代效应可能发挥更强的作用。

进一步采用资本扭曲或劳动力扭曲变量替换资源错配变量时[回归结果见表 6.15 列（3）～列（6）]，研究发现融资约束的回归系数对出口选择还是对出口强度均在 1%的显著性水平下存在负向影响，紧的融资约束有利于我国企业出口的选择和扩张。融资约束与资本扭曲、劳动扭曲交互项对出口选择影响显著，对出口强度的影响为负但不显著。

表 6.15 融资约束、资源错配与出口行为的实证结果

解释变量	（1）	（2）	（3）	（4）	（5）	（6）
	exdum	exshare	exdum	exshare	exdum	exshare
$intestexp_{t-1}$	-0.478^{***} （0.071 5）	-0.069^{***} （0.022 0）	-0.456^{***} （0.065 1）	-0.074^{***} （0.020 1）	-0.418^{***} （0.065 3）	-0.093^{***} （0.021 4）
$miss1_{t-1}$	0.012^{***} （0.003 8）	0.003^{***} （0.001 1）				
$miss1\times intestexp_{t-1}$	0.057^{**} （0.028 2）	-0.008 （0.008 0）				
τk_{t-1}			0.014^{***} （0.004 0）	0.003^{***} （0.001 2）		

续表

解释变量	(1)	(2)	(3)	(4)	(5)	(6)
	exdum	exshare	exdum	exshare	exdum	exshare
$\tau k \times intestexp_{t-1}$			0.062** (0.029 1)	−0.007 (0.008 3)		
τl_{t-1}					−0.139*** (0.018 1)	−0.016*** (0.005 9)
$\tau l \times intestexp_{t-1}$					−0.260* (0.142 0)	−0.043 (0.046 0)
$exdum_{t-1}$	2.780*** (0.009 9)		2.780*** (0.009 9)		2.777*** (0.009 9)	
$lnci_{t-1}$	−0.047*** (0.005 52)	−0.067*** (0.001 70)	−0.046*** (0.005 6)	−0.067*** (0.001 7)	−0.035*** (0.005 7)	−0.066*** (0.001 7)
$lnpwage_{t-1}$	0.238*** (0.011 4)	0.0518*** (0.003 6)	0.235*** (0.011 5)	0.052*** (0.003 6)	0.210*** (0.011 8)	0.049*** (0.003 7)
tax_{t-1}	−2.189*** (0.183)	−1.202*** (0.057 4)	−2.189*** (0.183 0)	−1.201*** (0.057 4)	−2.190*** (0.183 0)	−1.201*** (0.057 4)
age_{t-1}	−0.003*** (0.000 5)	−0.004*** (0.000 2)	−0.003*** (0.000 5)	−0.004*** (0.000 2)	−0.004*** (0.000 5)	−0.005*** (0.000 2)
$lntfp_{t-1}$	0.069*** (0.006 0)	−0.052*** (0.001 8)	0.067*** (0.006 0)	−0.052*** (0.001 8)	0.076*** (0.006 1)	−0.051*** (0.001 9)
行业	控制	控制	控制	控制	控制	控制
年份	控制	控制	控制	控制	控制	控制
常数项	−3.259*** (0.104)	1.017*** (0.052 1)	−3.337*** (0.102 0)	1.062*** (0.051 7)	−3.371*** (0.102 0)	1.068*** (−0.051 7)
Wald chi^2	13 000.72***		13 008.71***		13 024.58***	
ρ	−0.400 4***		−0.400 8***		−0.400 1***	
样本容量	177 386	177 386	177 386	177 386	177 386	177 386

注：表中括号内数值为相应估计系数的标准误

***、**分别表示在 1%、5%的显著性水平上显著不为 0

考虑到我国金融市场存在明显的所有制歧视，企业的融资约束程度因其所有制类型不同而差异显著，进一步区分国有企业和非国有企业进行实证分析（表 6.16）。融资约束对非国有企业出口强度影响为负，且在 1%水平下显著，说明紧的约束有利于促进非国有企业出口概率，根据融资约束变量的含义，企业的利息支出越低，杠杆率可能越低，企业出口强度可能越强；而融资约束对于国有企业出口强度的影响为正，但不显著，可能是因为国有企业通常比非国有企业更容易打破自身的融资困难，从而导致文中指出的要素替代效应不能发挥作用。国有企业融资约束和资源错配的交叉项对出口选择的影响在 5%水平下显著，而对非国有企业出口选择和出口强度的影响均不显著，其原因可能是因为非国有企业在面临融资约束时不能如国有企业那样顺利地改变自身要素配置，也就是说非国有企业要素使用结构调整对融资约束的敏感程度弱，从而导致要素替代效应不能顺利发挥。

表 6.16　不同所有制类型企业的融资约束、资源错配与出口行为的回归结果

解释变量	国有企业		非国有企业	
	（1）	（2）	（3）	（4）
	exdum	exshare	exdum	exshare
$miss1_{t-1}$	0.011 （0.010 1）	0.003 （0.002 94）	0.011*** （0.004 11）	0.004*** （0.001 20）
$intestexp_{t-1}$	−0.530*** （0.180）	0.047 （0.053 8）	−0.453*** （0.078 2）	−0.082*** （0.024 0）
$miss1×intestexp_{t-1}$	0.164** （0.074 7）	−0.024 （0.020 3）	0.0371 （0.030 4）	−0.006 （0.008 7）
常数项	−3.647*** （0.178）	1.102*** （0.082 1）	−3.154*** （0.142）	0.954*** （0.068 2）
Wald chi^2	2 727.18***		9 841.20***	
ρ	−0.294 1***		−0.419 2***	
样本容量	32 472	32 472	144 914	144 914

注：表中给出了融资约束、资源错配变量对于出口概率 exdum、出口强度 exshare 等的回归结果，其他控制变量同表 6.15，回归结果在此略去，回归时同时控制了行业和年份固定效应。表中括号内数值为相应估计系数的标准误

***、**分别表示在 1%、5%的显著性水平上显著不为 0

6.6　本 章 小 结

我国资源错配或者要素扭曲问题的存在，严重影响了企业的生产率和出口竞争力，消除资源错配，不仅是提高我国经济效率，实施“三去一降一补”的供给侧结构性改革的重点，也是培育我国出口竞争新优势的关键。本章借鉴 Hsieh 和 Klenow（2009）、龚关和胡关亮（2013）的研究，结合企业的要素扭曲、要素边际产出价值等，构建反映企业内整体资源错配指标，并采用 1998～2007 年我国工业企业数据库，测算了我国企业内整体资源错配以及资本扭曲、劳动力扭曲等；

进一步基于生产率效应和要素替代效应，阐述了资源错配影响企业出口的路径和机制，在此基础上建立企业资源错配影响出口行为的两阶段 Heckman 选择模型，并进行了实证研究。

基本回归研究发现，企业整体资源错配显著促进了企业的出口选择以及出口企业的出口强度，与施炳展和冼国明（2012）等研究结论一致；资本扭曲对企业出口行为也具有显著正向的作用，但劳动扭曲对出口行为的影响为负。要素替代效应在企业资源错配影响出口行为的过程中发挥了主导作用。资源错配不仅会提高我国企业的出口概率，而且会提升我国出口企业的出口强度；企业的资本扭曲会提高出口概率，增加出口强度；劳动扭曲将降低企业出口可能性以及出口强度。部分原因是我国的出口主要以加工贸易方式为主，而加工贸易企业依赖于低廉的劳动成本优势，劳动边际产出较低，资本的扭曲程度越高，资本品相对价格就越高，从而促进企业更加注重劳动投入，随着劳动要素变化，劳动边际产出与资本边际产出的差距得到平衡，出口被刺激。这也可从文中根据要素密集度、出口密集度对样本企业分组进行回归后得到证实。分组回归结果表明，资本扭曲对于资本密集型和劳动密集型企业的出口选择和出口强度正向影响显著，但对于技术密集型企业出口强度存在负向影响；对于高出口密集度企业，资本扭曲与出口概率存在正向关系，资本的扭曲程度越高，企业的出口强度反而越大，但影响程度较为微弱；而对于中低出口强度企业而言，资本扭曲的影响不显著，甚至是负向的。我国的加工贸易企业多为高密集度出口企业以及劳动密集型企业。这从侧面论证了当融资约束上升将导致资本扭曲程度提高，造成资本品边际价格上升，企业会相对增加劳动使用，进而导致劳动收入份额上升。考虑到企业面临的融资约束后，实证发现融资约束的收紧有利于我国企业选择出口，同时随着融资约束的减弱，企业资源错配对出口选择的促进作用增强。

概括而言，在我国出口贸易的发展过程中资源错配起到了一定的积极作用，但随着我国贸易增长方式的转变以及技术升级转型，资源错配的这种积极作用难以持续。以加工贸易为主的方式极大受限于劳动力使用的成本优势，当劳动红利丧失，生产边际产出价值的提高将抑制我国出口。因此，本章研究结论具有以下政策启示。第一，资源配置效率对于企业出口竞争力具有重要影响，我国传统的贸易增长路径下资源错配可以通过要素替代效应促进出口，而当成本优势难以为继的条件下，要加强研发和创新，培育以技术为主的国际贸易新优势；第二，进一步优化企业融资环境，推动中国制造由价值链低端的“加工”环节向高端的“技术”环节攀升；在出口转型的同时，注重对高技术产业发展的金融支持，从而扩大技术密集型企业的出口；第三，要牢牢把握我国“三去一降一补”中的“降”，注重企业的税收减负，重视出口企业人力资本、要素密集度等因素的作用，从而推动出口转型，促进出口；第四，国有企业和非国有企业面临的不仅是融资约束程度的直接差异，而且在要素配置对融资约束变动的敏感程度上，其影响可能更大，因此，如何有效化解非市场化因素带来的影响将是一个亟须解答的重要课题。

第 7 章　融资约束、资源配置与出口产品质量研究

7.1　引　　言

我国自 20 世纪 80 年代以来，长期实施“大进大出，两头在外”的贸易发展战略，从而在一定程度上被锁定在全球价值链的中低端环节。党的十九大报告提出，要“促进我国产业迈向全球价值链中高端”，要“推动形成全面开放新格局”[①]；2018 年我国政府工作报告也指出，要“进一步拓展开放范围和层次，完善开放结构布局和体制机制，以高水平开放推动高质量发展”[②]。如何有效突破现有状况，打造更高水平的对外开放格局是国际贸易研究者必须思考和关注的话题。打造贸易新格局，突破生产低端锁定，关键在于提升出口产品质量。产品质量是影响消费者福利、企业获利能力、市场均衡状态的最为核心的因素（余淼杰和张睿，2016）；出口产品质量在一定程度上与国家发展水平和收入水平相关、依赖于国家比较优势等（Hallak and Schott，2011；Feenstra and Romalis，2012）。如何提升我国出口产品的质量具有深刻的现实意义；而基于微观视角测度出口产品质量并考察其影响因素，也已经成为近些年国际贸易研究领域的前沿问题（Khandelwal，2010；Baldwin and Harrigan，2011；张杰，2015）。

现有针对出口产品质量的研究主要集中在以下两个方面。第一是对出口产品质量的测度。已有文献测度出口产品质量主要采用以下四种方法（余淼杰和张睿，2017）。一是出口产品单价法，也就是以出口产品的单位价格来衡量产品质量（Auer and Chaney，2009；Manova and Zhang，2012）。二是出口产品特征指标法，一些研究以出口产品研发密度、广告密度及技术复杂度作为质量的代理变量（Hausman et al.，2007；Schott，2004；Hallak，2006；等等），但这类方法不利于跨产业产品质量的比较；另一些研究采用机构及专家对产品的评级结果作为质量的度量（Crozet，2012；Auer et al.，2018；Chen and Juvenal，2016），例如 Crozet 等（2012）

① 习近平：决胜全面建成小康社会 夺取新时代中国特色社会主义伟大胜利——在中国共产党第十九次全国代表大会上的报告，http://www.xinhuanet.com/politics/19cpcnc/2017-10/27/c_1121867529.htm.

② 2018 年政府工作报告——2018 年 3 月 5 日在第十三届全国人民代表大会第一次会议上，http://www.gov.cn/guowuyuan/2018zfgzbg.htm.

根据《香槟手册》用不同香槟酒的评级来区分产品质量，Auer 等（2018）针对汽车市场，综合诸如马力、排量等因素来综合评价汽车产品质量。不是所有产品都有评级结果，而且不同产品的评级专家及标准也不一致，因此，这类方法存在主观性及跨产业比较的局限性。三是出口需求函数推断法，Khandelwal（2010）基于需求函数，考虑到在产品价格相同时，产品质量越高，则出口市场份额越大，基于此构建需求函数，通过回归方法测度产品质量，代表性研究包括 Khandelwal 等（2013）、施炳展（2013）以及 Fan 等（2015a）等，这也是目前比较通用的出口产品质量测度方法。四是综合出口供给需求信息估计法，Feenstra 和 Romalis（2014）同时考虑了出口产品供给和需求层面的信息，将企业出口产品质量决策内生化，企业在质量和价格之间进行权衡，给出了测度产品质量的一种方法（余淼杰和张睿，2016）。

第二是对产品质量影响因素的研究。影响因素涉及宏观、中观和微观层次，主要因素可以概括为国家的收入和规模（Hummels and Klenow，2005）、要素禀赋结构（Falvey，1981；Falvey and Kierzkowski，1987）、知识产权保护水平（Glass and Wu，2007）、贸易自由化（Fan et al.，2015b）、市场竞争（Bustos，2011）、外商直接投资（Harding and Javorcik，2011；施炳展等，2013）等。Falvey（1981）基于需求相似模型，将要素禀赋和产业内贸易相联系，研究了要素禀赋与产品质量之间的关系，发现资本禀赋高的国家产品质量高，而劳动密集型国家则倾向于出口质量较低的产品；Hummels 和 Klenow（2005）以出口单位价格来衡量产品质量，重点研究了经济增长对出口质量的影响；Glass 和 Wu（2007）指出严格的知识产权保护能够增加创新回报，但在长期内也会导致创新竞争者减少，在一定程度上抑制技术创新和出口产品质量提升；施炳展等（2013）认为中国出口产品质量受到外资、加工贸易等系列因素的影响；Fan 等（2015b）研究发现进口关税下降可以减少中间品的购入成本，进而促进差异化出口产品质量的提升。

少部分研究则关注了融资约束对于出口质量升级的影响。一方面，融资约束会影响企业产品质量升级的资金投入和研发投入（Ciani and Bartoli，2013）；另一方面，在较高融资约束条件下，企业可能面临高负债和高成本，从而在一定程度上导致企业道德风险发生的概率增加，即企业可能通过降低产品质量（成本下降），来维持其自身的正常运营（Maksimovic and Titman，1991）。事实上，在企业出口活动中，无论是出口之前、还是出口过程中均面临大量的固定成本和沉没成本，覆盖诸如运输费用、市场进入费用、产品销售网络构建费用等相关支出，因此融资约束会显著影响企业的出口绩效（罗长远和陈琳，2012），从而影响出口产品质量。Williamson（1985）研究认为，融资约束会使得企业研发和资产购买受到限制，进而降低企业产品质量升级的内在动力；Fan 等（2015a）基于 Melitz（2003）模型，内生化产品质量和融资约束，因为质量调整效应的存在，使得融资约束加大，导致企业降低出口产品质量，从而以更低价格出口商品；张杰（2015）基于金融抑制视角，解释了融资约束与出口产品质量之间的倒U型关系，指出我国金融抑制造成不同所有制企业面临差异化的融资约束是根本原因；许明（2016）认为市场竞争和融资约束对出口产品质量的影响存在交互效应。这些已有研究主要从研发效应、成本效应、道德风险等视角分析了融资约束对于产品质量提升的影响，忽视了资源配置的作用。正如本书第2章、第3章研究所表明的，融资约束不仅会通过影响资源初次分配，即影响要素收入份额而影响资源配置效率，而且可能影响生产过程中的资源流动和结构，降低资源错配程度，影响资源配置效率。第6章研究表明，资源配置是影响企业出口的重要因素，进一步地，资源配置也可能会影响企业出口产品质量，合理的资源配置不仅能够提高生产效率，而且能够促进生产中资源使用优化机制的形成，从而推动产品质量提升；此外，融资约束可能会在一定程度上改变资源配置，导致企业在国外市场上的成本优势发生变化，从而加大企业道德风险的产生，其可能为了保障出口优势而降低产品质量，或者为了保持原有市场份额而提升出口产品质量。

本章在分析融资约束、资源配置影响出口产品质量内在机理的基础上，采用中国海关与工业企业匹配数据，实证考察了融资约束对出口产品质量的直接影响，进一步从要素初次分配以及要素再配置两条路径，研究了融资约束通过资源配置对出口产品质量的影响。本章其余部分安排如下：第二部分为理论模型及机制分析，分析了融资约束、资源配置对出口产品质量影响的机制；第三部分为计量模型设定，以及变量选取和数据说明；第四部分对资源配置影响出口产品质量进行了实证分析，分别基于资源初始分配和资源再配置的视角展开研究；第五部分构建融资约束通过资源配置效应影响出口产品质量中介效应模型，并进行了实证检验；第六部分为本章小结。

7.2 理论模型及机制分析

7.2.1 融资约束影响出口产品质量的理论模型

融资约束对产品质量最直观的影响是企业融资受限，流动资本存量受到挤占，可能造成企业研发资金不足，从而影响产品质量提升。Brown（2011）研究指出，企业的利润、实收资本均是内源性融资约束的主要来源，内源性融资约束的降低将有利于提高企业的产品质量；张杰等（2015）同样发现融资约束对产品质量提升有显著抑制作用，认为融资约束会影响研发投入从而影响产品质量。这里借鉴已有研究，简要分析融资约束对于出口产品质量的影响；但需明确的是企业在出口过程中基于竞争力和成本考虑，面临两种策略选择：价格竞争策略和质量竞争策略。这里借鉴 Melitz（2003）、Fan 等（2015a，2015b）以及陈清萍和鲍晓华（2014）的研究，构建两国、两部门模型。

1. 消费部门

假设存在出口国和进口国两个国家，两国消费者偏好一致。消费者效用函数如式（7.1）所示。

$$U_j=\left(\int\left[Q_{ij}(\omega)X_{ij}(\omega)\right]^{\frac{\sigma-1}{\sigma}}\mathrm{d}\omega\right)^{\frac{\sigma}{\sigma-1}},\quad \sigma>1 \tag{7.1}$$

其中，U_j 表示国外消费者 j 的消费效用；Q_{ij} 表示出口国 i 销售给 j 的产品质量；X_{ij} 表示消费数量；σ 表示产品间的替代弹性；ω 表示某类别的出口产品。对式（7.1）进行效用最大化求解，可以得到产品的均衡消费量如下：

$$X_{ij}(\omega)=\left[Q_{ij}(\omega)\right]^{\sigma-1}\frac{\left[p_{ij}(\omega)\right]^{-\sigma}}{P_j^{1-\sigma}}E_j \tag{7.2}$$

其中，E_j 表示消费者 j 的总支出；$p_{ij}(\omega)$ 表示产品 ω 的价格；P_j 表示消费者 j 购买产品的平均价格水平。在价格保持不变的条件下，随着产品质量的升高，产品的出口数量将会上升。

2. 生产部门

出口企业的收益为国外消费者总支出 E，而企业面临的成本包括固定成本和可变成本。可变成本使用边际成本进行衡量，假设产品质量与生产的边际成本正相关（Verhoogen，2008），边际成本对产品质量的弹性系数为 α，其介于 0 到 1 之间，而厂商的生产力水平为 ϕ_i，因此边际成本可以设为 $\frac{Q_{ij}^{\alpha}}{\phi_i}$，再考虑产品出口的冰山成本（$\tau$，其中 $\tau>1$），那么出口商的可变成本可以表示为 $\frac{Q_{ij}^{\alpha}}{\phi_i}\tau\frac{Q_{ij}^{\sigma-1}p_{ij}^{-\sigma}}{P_j^{1-\sigma}}E$；固定成本设为 Q_{ij}^{β}，其中 $1/\beta$ 表示了产品质量与固定成本之间的替代关系。因此，企业的利润最大化公式可以写为

$$\mathrm{Max}\left\{p_{ij}^{1-\sigma}Q_{ij}^{\sigma-1}E\Big/P_j^{1-\sigma}-\frac{Q_{ij}^{\alpha}}{\phi_i}\tau\frac{Q_{ij}^{\sigma-1}p_{ij}^{-\sigma}}{P_j^{1-\sigma}}E-Q_{ij}^{\beta}\right\} \tag{7.3}$$

假设企业面临融资约束，而融资主要是为了解决产品质量提升的固定成本支出（没有涉及可变成本），因此式（7.3）应该满足如下约束条件：

$$\text{s.t.}\quad \left(p_{ij}^{1-\sigma} Q_{ij}^{\sigma-1} E \Big/ P_j^{1-\sigma} - \frac{Q_{ij}^{\alpha}}{\phi_i} \tau \frac{Q_{ij}^{\sigma-1} p_{ij}^{-\sigma}}{P_j^{1-\sigma}} E - (1-d) Q_{ij}^{\beta} \right) \theta \geqslant d Q_{ij}^{\beta} \tag{7.4}$$

其中，d 表示企业融资的需求度，也就是通过商业借贷和银行信用满足自身资本融资需求的程度；θ表示融资的准入门槛，且 d 和θ均小于 1，如果 d 较大，而θ较小则企业面临严重的融资约束。通过拉格朗日法对以上优化问题进行求解，可以得到产品价格和质量之间的表达式：

$$p_{ij} = \frac{\sigma}{\sigma-1} \frac{\tau Q_{ij}^{\alpha}}{\phi_i} \tag{7.5}$$

$$\frac{\beta}{(1-\alpha)(\sigma-1)} \left[1 + d \frac{(1-\theta)\text{Lagrange}}{(1+\text{Lagrange})\theta} \right] \geqslant 1 - d + \frac{d}{\theta} \tag{7.6}$$

其中，当拉格朗日乘数 $\text{Lagrange}=0$ 的时候，表明企业没有面临约束；可以求得，此时存在一个门槛 $\theta = \dfrac{d(\sigma-1)(1-\alpha)}{\beta-(1-d)(\sigma-1)(1-\alpha)}$，当门槛值小于此值时，最优的价格可以表示为式（7.7）。

$$p_{ij} = \left(\frac{1}{\left(1-d+\dfrac{d}{\theta}\right)\sigma} E \right)^{\frac{\alpha}{\beta-(\sigma-1)(1-\alpha)}} \left(\frac{\sigma}{\sigma-1} \frac{\tau}{\phi_i} \right)^{\frac{\alpha}{\beta-(\sigma-1)(1-\alpha)}} \tag{7.7}$$

根据式（7.7），d 越大或者 θ 越小，$1-d+\dfrac{d}{\theta}=1+d\left(\dfrac{1}{\theta}-1\right)$越大，产品的价格将越低，企业在面临价格和质量决策时，要么放弃价格，要么放弃质量；而一般而言，采取价格竞争策略时，价格越低，产品质量也越低（Hallak and Schott，2011）。因此，融资约束都可能导致企业产品质量下降。

7.2.2 融资约束影响出口产品质量：资源配置的视角

这里进一步简单阐述融资约束如何通过资源配置效应这一间接渠道影响出口产品质量。正如前文第 2 章、第 3 章研究所表明的，一方面，从要素回报的角度而言，融资约束会影响资源的初次分配，第 2 章已研究证实融资约束会影响劳动收入份额，引起生产要素在不同企业、行业中的配置面临价格和数量方面的调整；另一方面，从资源再配置以及生产均衡角度来看，在生产过程中存在要素使用的最优配置，当无法达到最优配置时，就存在资源错配，第 3 章提供了融资约束影响企业内、行业内资源错配的证据。而无论是要素收入份额的变化，还是资源错配程度的改变，都可能影响企业出口产品质量。

1. 劳动收入份额对出口产品质量的影响

首先，Bowles 和 Gintis（1990）认为，企业雇主在使用劳动力生产商品、获取利润的条件下，企业员工获取更高的劳动报酬，可以提高工作积极性，进而促进企业绩效提升；许明（2016）研究指出，在一定范围内，企业员工报酬的提高可以促进生产率提高，进而推动出口产品质量提升。其次，要素报酬的变化也会通过影响企业员工的人力资本水平而影响产品质量，相对更高的劳动报酬可以吸引高技能劳动者进入，进而提高员工整体素质，也可能提升雇员对雇主的认同感（Akerlof，1982），进而提升产品质量；Acemoglu 和 Pischle（2003）指出劳动成本的相对增加，将对企业的人力资本水平产生影响，如企业会通过裁员等措施，降低低技术工人比重。在生产过程中，低技术员工和高技术员工是互补的，两者之间的非平衡可能导致产品质量受到影响（Verhoogen，2008）。最后，在企业资金需求约束条件下，劳动报酬上升可能导致对其他生产要素的挤出，或者导致其他要素相对成本上升，从而使得企业生产的有效要素投入不足。企业产品生产通常需要要素投入保持一定的配比（孙楚仁等，2013），因此劳动收入份额上升，可能意味着更多的资本和技术被替代，从而影响产品质量提升。Mason 等（1996）曾指出，一国产品能否在国际市场中具有质量优势，很大程度上取决于其是否使用先进的机器设备。黄先海和徐圣（2009）则指出劳动成本上升可能促使企业加大研发，有利于产品质量升级。

2. 资源错配对出口产品质量的影响

在企业面临融资约束时，最直接的影响是企业生产过程中所需要的资本要素配置不足，或者资本使用成本升高，从而造成要素使用的错配；而这种错配如果发生在企业内，将会导致资本和劳动力配比失衡，从而不能获得最优的生产规模效应；如果发生在行业内，将导致整体生产率水平下降，这都不利于企业产品质量提升。事实上，不只资本市场可能存在扭曲，要素市场也存在扭曲。我国改革开放四十多年来，要素市场化进程严重滞后于产品市场化（黄益平，2009），而要素市场扭曲对于出口存在显著的影响，张杰等（2011）研究指出，对于存在出口的本土企业，要素扭曲显著抑制了企业的利润率；而利润率的下滑，在一定程度可能造成企业道德风险的发生，通过降低出口产品质量而获取额外利润；本书第 6 章也指出由于要素替代效应，企业资源错配可能在一定程度上促进出口，但同时要素扭曲导致了错配现象的发生，首要是对企业、行业的生产效率产生影响。受到要素扭曲配置的影响，生产率等技术条件自然改变，这必然会对其产品质量升级产生不利影响。王明益（2016）研究发现要素扭曲对出口产品质量存在显著影响，劳动力的价格扭曲会降低企业成本，从而促使企业增加非熟练劳动力，降低要素配置效率，短期内会抑制产品质量升级，长期内随着非熟练劳动力的熟悉程度转变，以及企业被迫增加研发的规模效应都可能导致产品质量提高；而资本扭曲会导致资本要素规模改变，在其他要素不发生改变的基础上，在短期内将无法使企业达到最优要素配置，从而影响出口产品质量。因此，资源错配可能通过影响企业利润率、生产率等渠道，导致出口产品质量受损。

7.3 融资约束影响出口产品质量的计量模型与实证分析

7.3.1 计量模型设定及变量选择

首先对融资约束影响出口产品质量进行实证分析；其次，考察资源错配与出口产品质量之间的关系；最后，基于中介效应模型，对融资约束、资源错配和出口产品质量进行实证分析。

借鉴 Fan 等（2015a）、张杰（2015）、许和连和王海成（2016）等的研究，构建考察出口产品质量影响因素的基本计量模型如下：

$$\text{Fquality}_{jt} = \alpha_0 + \alpha_1 X_{jt} + \sum_{k=1}^{n} \beta_k \text{Ctrl}_{j,t}^{k} + \gamma_s + \omega_i + \delta_t + \mu_{s,i,j,t} \tag{7.8}$$

其中，j、t 分别表示企业和年份；被解释变量为企业的出口质量 Fquality，X 表示主要解释变量，包括融资约束和资源配置两个方面；Ctrl 表示控制变量；k 表示第 k 个控制变量；s 表示区域。γ_s、ω_i、δ_t 分别表示控制区域、行业和年份的固定效应。

1. 企业的出口质量的测度

对出口产品质量，较多研究采用出口产品的单位价值来代替产品质量，单位价值量越高，产品的质量也越高（Hummels and Klenow，2005）。Khandelwal（2010）基于需求函数法，根据商品市场份额和产品价格来推导产品质量，创新了产品质量测度方法；相关研究将该方法拓展到对企业层面的产品质量的测算中（Manova and Zhang，2012；Bas and Strauss-Kahn，2015；施炳展和曾祥菲，2015；Fan et al.，2015a）。根据这些已有研究，基于消费者的 CES 效用函数，企业出口产品数量可表示如下：

$$X_{icgt} = p_{icgt}^{-\sigma} Q_{icgt}^{\sigma-1} \frac{E_{ct}}{P_{ct}^{1-\sigma}} \tag{7.9}$$

其中，下标 i、c、g、t 分别表示企业、出口目的国、出口产品和年份；X 表示出口产品数量或者消费数量；Q 表示出口产品质量；σ表示不同产品间的替代弹性；E_{ct} 表示进口国家消费者支出；P_{ct} 表示进口国的平均价格指数；p 表示产品价格指数。根据式（7.9），产品需求量取决于其质量与价格，因为σ>1，所以，在其他变量不变时，产品质量越高，需求越大；而价格越高，产品需求则会越小。对式（7.9）两边同时取对数，可以得到：

$$\ln X_{icgt} = \ln E_{ct} - (\sigma - 1)\ln P_{ct} - \sigma \ln p_{icgt} + (\sigma - 1)\ln Q_{icgt} \tag{7.10}$$

如果把产品质量Q_{icgt}作为不可观测因素，将$\ln E_{ct} - (\sigma - 1)\ln P_{ct}$设定为进口国家–年份固定效应变量，控制出口目的地价格指数和收入水平的影响，同时控制出口产品固定效应，那么式（7.10）简化为

$$\ln X_{icgt} = \varphi_g + \varphi_{ct} - \sigma \ln p_{icgt} + \epsilon_{icgt} \tag{7.11}$$

其中ϵ_{icgt}=$(\sigma - 1)\ln Q_{icgt}$。对方程（7.11）进行计量回归，可以推导出每种出口产品质量测度公式如下：

$$\text{quality}_{icgt} = \ln \widehat{Q_{icgt}} = \frac{\epsilon_{icgt}}{\sigma - 1} = \frac{\ln X_{icgt} - \ln \widehat{X_{icgt}}}{\sigma - 1} \tag{7.12}$$

通过式（7.12）可以计算出企业每年出口的每种 HS-6 位码产品质量，进而可以将产品质量加总到企业层面。参考施炳展和曾祥菲（2015）的研究，首先对式（7.12）测算的出口产品质量进行标准化处理，见式（7.13），其中 Max 和 Min 分别表示同一种商品在包含所有的年份、所有的企业、所有的进口国样本范围内的最大值和最小值。

$$\text{Squality}_{icgt} = \frac{\text{quality}_{icgt} - \text{Min}\left(\text{quality}_{icgt}\right)}{\text{Max}\left(\text{quality}_{icgt}\right) - \text{Min}\left(\text{quality}_{icgt}\right)} \tag{7.13}$$

对于企业的出口产品质量，则以出口产品份额作为权重，将各种类出口产品进行加权得到 Fquality。

2. 主要解释变量

主要解释变量包括：融资约束和资源配置。结合前面相关章节的说明和做法，这里首先借鉴祝树金和赵玉龙（2016）的融资约束成本指标——利息费用与总负债的比值（irate），将其作为代理变量进行回归，同时在实际回归中，考虑到融资约束对企业出口产品质量可能存在的非线性影响作用（张杰，2015），进一步纳入了融资约束变量的平方项；此外，使用其他内源融资约束、外源融资约束指标进行稳健性检验。资源配置的衡量包含两个方面：一是要素的初次分配，使用第 2 章中测度的劳动者收入份额来衡量（laborshare）；二是资源错配程度，根据前文的分析，同时考虑到要素在企业内的配置以及要素在企业间的流动，使用第 3 章中的企业错配指标（miss1 和 miss2）、要素扭曲指标（τk、τl）和行业内（企业间）

错配指标（lntfp75-25，即行业生产率对数分布的第 75 分位数和 25 分位数的差值）、行业生产率对数分布的离差（lnsdtfp）来进行度量。

3. 控制变量

这里控制变量主要包括企业研发强度、企业全要素生产率、企业规模、企业成立年限、行业市场竞争程度以及企业出口贸易类型、所有制类型等属性变量。

（1）企业研发强度（rdintensity）。企业的研发强度是影响其产品质量的关键因素。借鉴 Kugler 和 Verhoogen（2012）的研究，使用行业的研发强度作为代理指标，计算方法为行业研发费用支出与行业总产出的比值。

（2）企业全要素生产率（tfp）。使用前文介绍的 LP 方法对企业全要素生产率 TFP 进行测度，模型中采取生产率的对数值，记为 lntfp。

（3）企业规模（size）。新贸易理论认为，企业规模越大，越可能具备相应的成本优势。同样，企业规模优势能够在一定程度上利于企业产品质量升级；但另一方面，随着企业规模扩大，规模化生产增加了产品转换和升级的难度，可能对产品质量提升存在抑制作用。这样，企业规模对产品质量的影响方向并不确定。本章采用企业产出的对数值作为企业规模的代理变量，记为 lnsize。

（4）企业成立年限（age）。第一，从企业员工的经验角度而言，随着企业存续的时间增长，企业内劳动者平均工作经验也会随之增加，就更可能全面了解产品的优缺点，从而有利于企业产品质量的升级改造；第二，如果从固定资产折旧角度来看，在技术快速进步的今天，生产设备和生产器具更替日益加快，但企业出于生产成本考虑或者生产的“路径依赖”，成立时间越长的企业，更可能使用相对落后的设备进行生产，因而对出口产品质量存在负面影响。这里采用当年年份与企业成立年份的差来衡量企业成立年限。

（5）行业市场竞争程度（HHI）。一般而言，衡量市场的竞争程度的指标包含集中度和赫芬达尔指数，集中度指数要对前 N 位的厂商进行选择，因此出于指标的便利性和优越性考虑，本章利用企业销售额数据，采用四分位行业的赫芬达尔指数。其计算公式为 $\mathrm{HHI}_i = \sum_{j=1}^{N} \left(\mathrm{sale}_{ij} / \mathrm{sale}_i \right)^2$，其中 sale 表示销售额，下标 i、j 分别表示行业和企业，N 表示四分位行业中的企业个数。

（6）企业出口贸易类型（trade_style）。参考戴觅和余淼杰（2014）的研究，将出口企业划分为三类：①一般贸易企业（general），根据海关数据，出口企业中从事一般贸易的企业；②加工贸易企业（process），出口企业中从事了加工贸易的企业；③混合贸易企业，贸易过程中既包含一般贸易又包含加工贸易类型的企业。在模型（7.8）中包含两个虚拟变量。

（7）企业所有制类型（ownship）。在我国企业组织形式中，国有企业天然存在着生产及销售的便利，这里首先按照是否为国有企业对所有出口样本企业进行划分；其次，考虑到外资企业在生产销售中具备不同于一般内资企业的表现，区分内资、外资企业进行比较分析。因此，模型中包含了三个虚拟变量：其一，是否为国有企业（stateown）；其二，是否为外资企业（fdiown）。其三，是否为私营企业（privateown）。根据企业实收资本中国有资本和外商资本的份额进行分类，如果其相应的资本份额高于 50%，即可认定为对应属性的企业，当三者均在模型中时，按照工业企业中登记注册类型，基准组是集体企业和其他独立法人企业。

7.3.2　数据来源及变量的统计描述

本章使用的数据来源于两个方面。第一，中国工业企业数据库，处理方法与前文保持一致，根据工业企业数据，可以计算得到企业融资约束、企业规模、成立年限、全要素生产率以及企业的地理、行业特征变量；第二，中国海关总署所报告的企业海关数据，根据企业的进出口数量、金额、贸易方式等信息的月度数据，通过将 HS-8 位码产品合并到 HS-6 位码，月度数据加总得到年份数据，测度了企业出口产品质量。两个数据库的匹配，参考了田巍和余淼杰（2013）的方法，通过企业名称、企业编码、邮政编码进行数据库合并；由于 HS 编码在 2002 年前后的标准分别为 HS96 版和 HS02 版，这里统一对应到 HS02 版。此外，在测算过程中，剔除了一些出现某些变量异常值的企业，最终选取了 2000～2005 年 6 年时间作为研究样本。表 7.1 报告了区分所有制类型和贸易方式的各类企业各年度的数量。

表 7.1　各年度总体企业及各分类企业数目

年份	2000	2001	2002	2003	2004	2005	合计
合计	12 213	14 142	15 920	19 669	30 197	33 026	125 167
国有企业	1 050	1 323	1 498	1 426	1 546	1 522	8 365
集体企业	1 006	1 567	1 886	1 914	2 065	2 038	10 476
其他	2	4	0	2	0	0	8
私营企业	379	894	1 831	3 512	7 659	9 719	23 994
外商独资企业	3 181	3 851	4 608	5 952	9 801	10 547	37 940
中外合资企业	3 746	4 546	5 061	5 776	7 826	7 989	34 944
中外合作企业	839	985	1 036	1 087	1 300	1 207	6 454
一般贸易企业	6 089	7 790	9 418	12 341	19 574	21 884	77 096
混合贸易企业	2 901	3 289	3 524	4 047	5 677	6 182	25 620
加工贸易企业	3 223	3 063	2 978	3 281	4 946	4 960	22 451

图 7.1 报告了样本企业出口产品质量的年均值的变化趋势。可以看到，样本期间，我国企业出口产品质量总体呈现逐渐下降的趋势特征，但波动幅度并不大，

这与张杰等（2014）、许和连和王海成（2016）的研究一致。可能的原因是进入WTO 后市场准入门槛降低，更多的低技术生产能力的企业进入到出口市场，拉低了整体出口产品质量；但随着时间发展，低产品质量的企业逐渐被淘汰出局，出口存活企业的产品质量经过了市场和消费者的检验，因此，整体质量在 2004 年出现了一定程度的上升。进一步，图 7.2 绘出了我国企业存续时间相同的所有企业出口产品质量均值的关系图，发现随着企业成立年限的增加，出口产品的质

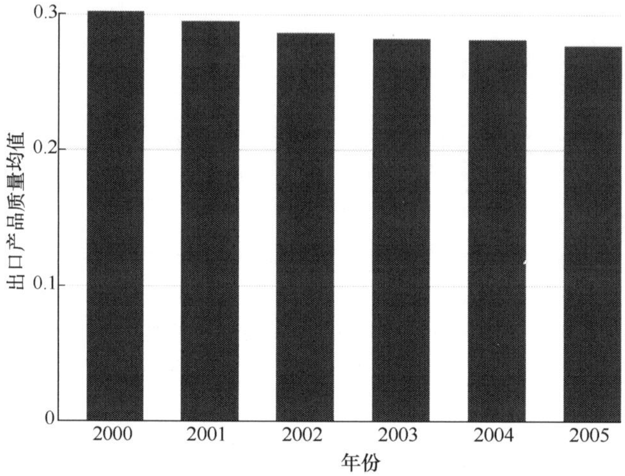

图 7.1　样本企业出口产品质量的年均值变化趋势

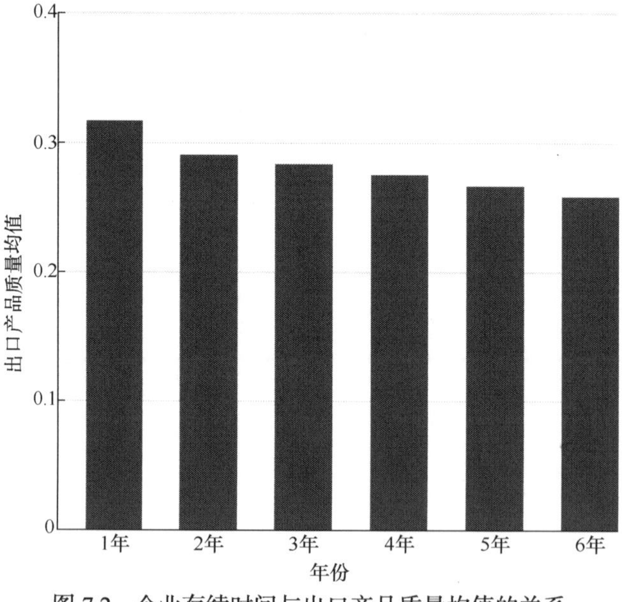

图 7.2　企业存续时间与出口产品质量均值的关系

量反而呈现降低趋势，这一发现与施炳展等（2013）所指出的 1995～2006 年中国出口产品质量存在持续下滑的结论相吻合。对于发展中的经济体，相对较长的出口持续时间意味着出口产品质量可能存在“低端锁定”和“低端下滑”现象（陈晓华和沈成燕，2015）。

表 7.2 报告了实证中涉及的所有变量的描述性统计结果。

表 7.2　主要变量的描述性统计

变量名	观测值	均值	标准误	最小值	最大值
quality	125 167	0.28	0.13	0.00	1.00
irate	125 167	0.02	0.04	0.00	0.98
hhi	125 167	0.02	0.03	0.00	1.00
age	125 167	8.56	8.56	0.00	60.00
rdintensity	125 167	0.00	0.00	0.00	0.03
lntfp	125 167	9.75	1.11	0.52	16.22
lnsize	125 167	10.65	1.28	1.12	18.55
general	125 167	0.62	0.49	0	1
process	125 167	0.18	0.39	0	1
stateown	125 167	0.07	0.25	0.00	1.00
privateown	125 167	0.19	0.39	0.00	1.00
fdiown	125 167	0.58	0.49	0.00	1.00
miss1	125 167	3.68	4.08	0.19	20.36
miss2	125 167	−0.02	1.72	−42.36	37.52

7.3.3　基本回归结果分析

表 7.3 给出了融资约束影响出口产品质量的基本回归结果。列（1）单独控制了时间和行业固定效应，结果显示，融资约束每上升一个单位，或者说融资成本每提高 1 个百分点，企业的出口产品质量将提高 0.0145，该结果在 10%的显著性水平下通过检验，意味着融资约束趋紧促进了出口产品质量的提升，这似乎与前文理论机制分析不一致。列（2）进一步纳入了融资约束变量 irate 的平方项进行回归，结果表明变量 irate 的回归系数显著为正，而其平方项的系数显著为负，表明融资约束趋紧对于出口产品质量提升具有非线性的倒 U 型效应，即存在融资约束的临界值，当融资约束程度低于临界值时，随着融资约束程度提高，反而可能倒逼企业注重研发和技术改造，从来促进了出口产品质量提升；从长期来看，当融资约束程度越过临界值时，融资约束程度增加并不利于出口产品质量提升。张杰（2015）研究也发现企业融资约束和出口产品质量之间存在倒 U 型关系，只有

当企业受到的融资约束程度高于某个门槛时，企业融资约束才会对出口产品质量形成显著的制约效应。列（3）～列（8）给出了逐步增加相关控制变量后的回归结果，融资约束变量及其平方项的估计系数及其显著性基本上与列（1）、列（2）中相应估计一致。

其他控制变量中，研发强度（rdintensity）的回归系数始终显著为正，表明研发引致的新工艺和新技术的出现对于提升出口产品质量具有关键的作用；生产率变量（lntfp）在回归中符号及显著性不稳健，因为考虑到模型估计可能的内生性问题，将在后文进行稳健性检验和分组回归。企业规模变量（lnsize）的回归系数显著为负，也就是说企业规模越大，出口产品质量反而下降，该结论表明我国大规模企业可能存在产品同质化和低端化现象。市场竞争程度变量（hhi）的回归系数显著为正，这意味着企业所处的市场竞争程度越大，市场竞争压力往往越会倒逼企业通过提升产品质量来提高自身竞争力。企业成立年限（age）对出口产品质量存在显著但相对较弱的促进作用。对于不同贸易形式而言，一般贸易类型变量 general 的回归系数显著为正，而加工贸易变量 process 的回归系数则显著为负，表明一般贸易企业出口产品质量相对要高于混合贸易企业；而加工贸易企业出口产品质量要低于混合贸易企业。对于不同所有制类型企业，这里以国有、私营和外资之外的集体企业为基准组，国有企业的出口产品质量相对更高，私营企业虚拟变量回归系数不显著，说明其出口产品质量与集体企业的产品质量并无显著性差异，而外资企业的出口产品质量则要相应低于集体企业，可能原因是样本期间外资企业在很大程度上还是依赖于我国廉价劳动成本进行简单的加工组装。

表 7.3　融资约束影响出口产品质量的基本回归结果

解释变量	(1)	(2)	(3)	(4)	(5)	(6)	(7)	(8)
irate	0.014 5* (0.008 1)	0.054 3*** (0.014 4)	0.034 2*** (0.008 0)	0.110*** (0.014 3)	0.021 7*** (0.008 0)	0.113*** (0.014 3)	0.009 9$^{\#}$ (0.007 8)	0.035 7** (0.014 3)
$irate^2$		−0.085 6*** (0.025 7)		−0.164*** (0.025 4)		−0.170*** (0.025 4)		−0.063 4** (0.025 3)
rdintensity			2.597*** (0.219)	2.600*** (0.219)	4.210*** (0.201)	2.468*** (0.220)	2.166*** (0.218)	2.168*** (0.218)
lntfp			−0.023 8*** (0.000 4)	−0.023 9*** (0.000 4)	−0.013 1*** (0.002 8)	0.004 68* (0.002 8)	−0.003 9 (0.002 8)	−0.003 58 (0.002 8)
lnsize					−0.011 0*** (0.002 5)	−0.026 0*** (0.002 5)	−0.018 2*** (0.002 5)	−0.018 5*** (0.002 5)
age					0.000 3*** 5.22×10^{-5}	0.000 5*** 5.19×10^{-5}	0.000 2*** 5.39×10^{-5}	0.000 2*** 5.39×10^{-5}

续表

解释变量	(1)	(2)	(3)	(4)	(5)	(6)	(7)	(8)
hhi					0.048 2*** (0.012 7)	0.048 2*** (0.013 1)	0.046 5*** (0.013 0)	0.046 7*** (0.013 0)
general							0.016 4*** (0.000 9)	0.016 4*** (0.000 9)
process							−0.031 6*** (0.001 2)	−0.031 5*** (0.001 2)
stateown							0.005 1** (0.002 2)	0.005 1** (0.002 2)
privateown							-9.71×10^{-5} (0.001 6)	−0.000 2 (0.001 6)
fdiown							−0.017 4*** (0.001 3)	−0.017 3*** (0.001 3)
年份	控制	控制	控制	控制	控制	控制	控制	控制
行业	控制	控制	控制	控制	控制	控制	控制	控制
常数项	0.254*** (0.002 4)	0.253*** (0.002 4)	0.477*** (0.004 4)	0.477*** (0.004 4)	0.526*** (0.003 8)	0.471*** (0.004 43)	0.474*** (0.004 7)	0.474*** (0.004 7)
样本容量	125 167	125 167	125 167	125 167	125 167	125 167	125 167	125 167
企业数	55 299	55 299	55 299	55 299	55 299	55 299	55 299	55 299

注：表中回归系数下方小括号内的数值为相应估计系数的标准误

***、**、*分别表示在 1%、5%、10%的显著性水平上显著不为零；#代表 20%显著性水平下显著

7.3.4 稳健性检验

1. 替换融资约束资本的稳健性检验

考虑到融资约束测度指标的多样性（祝树金和赵玉龙，2016），并且按照融资约束产生的本源和性质可将融资约束划分为内源融资约束和外源融资约束，因此，进一步采用不同衡量指标对融资约束影响出口产品质量的实证结果进行稳健性检验。这里，分别采用反映企业内源融资约束的指标——现金存量与总资产比率（lr），反映外源融资约束的替代指标——固定资产与总资产的比率（nta）替代前文的融资约束成本指标，这些指标的度量具体见第 2 章，其描述性统计见表 7.4，这些变量均为逆向度量指标，其值越大融资约束程度越小。需要指出的是，在对融资约束指标的测度过程中，为了剔除工业统计年报可能出现的统计错误，对每个融资约束指标均进行 5%的去尾处理。

表 7.4　融资约束指标的描述性统计

变量	样本量	均值	方差	最小值	最大值
lr	112 651	0.33	0.347	−0.167	1.825
nta	112 651	0.328	0.155	0.064	0.677

对于基准模型，替换融资约束变量后的回归结果见表 7.5。表中列（1）表明内源融资约束（lr）变量具有显著负的回归系数，即内源融资约束程度越大，企业出口产品质量反而越高；进一步纳入其平方项后，回归结果见列（2），可以发现内源融资约束变量的回归系数依然显著为负，而其平方项的回归系数显著为正，也就是说内源融资约束与出口产品质量呈现非线性的倒 U 型关系；而采用外源融资约束指标 nta 替代融资约束成本变量 irate 后进行稳健性回归，发现尽管外源融资约束变量的回归系数为负，其平方项的回归系数为正，但都不显著。正如第 2 章研究所阐述的，一方面可能是因为在企业信贷过程中由于各种类型的金融摩擦，企业固定资产与总资产的比率并不能真实体现外源融资约束程度；另一方面，在融资约束影响出口产品质量的过程中，融资成本、内源性约束可能发挥更主要的作用。

表 7.5　替换融资约束指标的实证结果

解释变量	（1）	（2）	（5）	（6）
lr	−0.003 9*** （0.001 1）	−0.010 2*** （0.002 7）		
lr^2		0.004 6*** （0.001 8）		
nta			−0.000 4 （0.002 8）	−0.015 3 （0.010 3）
nta^2				0.021 1 （0.013 8）
lntfp	−0.004 2 （0.003 0）	−0.000 5 （0.003 4）	−0.008 1** （0.003 6）	−0.009 2 （0.003 7）
其他控制变量	控制	控制	控制	控制
年份	控制	控制	控制	控制
行业	控制	控制	控制	控制
省份	控制	控制	控制	控制
常数项	0.477*** （0.005 0）	0.494*** （0.006 4）	0.478*** （0.005 2）	0.502*** （0.006 7）
样本容量	112 038	112 651	112 651	112 651
企业数	51 325	50 952	50 957	50 957

注：表中括号内的数值为相应估计系数的标准误，为了报告的简洁，表中其他控制变量的回归系数略去，仅简单说明是否控制，其回归结果与基本回归一致

***、**分别表示在 1%、5%的显著性水平上显著不为 0

2. 考虑内生性问题的稳健性检验

对于基本回归，可能由于内生性问题而带来回归偏差。内生性问题产生的原因主要包括以下三个方面：①模型遗漏变量问题，受数据、变量限制，不可避免地会存在遗漏变量问题，如企业家个人特征对出口产品质量的影响（Verhoogen，2008）；②融资约束与出口产品质量之间的逆向因果问题，张杰（2015）认为出口高质量产品的企业拥有较高的技术水平或竞争优势，使得其高出口产品质量成为解决企业对外融资活动中信息不对称的信号机制，从而更容易获得更多的外部贷款，降低融资约束程度；余子良和佟家栋（2016）研究指出，出口虽然对于国有企业的融资约束影响甚微，但可以显著缓解民营企业和外资企业的融资约束；出口产品质量的变化可以影响企业的获利能力（薛新红和王忠诚，2016），进而影响企业面临的融资约束状况；③出口产品质量测度可能存在误差，如测度一些无法分离的非质量因素可能影响到产品需求（许和连和王海成，2016）。因此，本节进一步分别采用滞后变量回归、IV-GMM 回归方法，在一定程度上克服内生性问题，进行实证估计，具体结果见表 7.6。

表 7.6　考虑内生性问题的回归结果

解释变量	（1）	（2）	（3）	（4）
	滞后一期		IV-GMM 估计	
L.irate	0.018 1$^{\#}$ （0.011 8）	0.041 2** （0.020 0）		
L.irate^2		−0.055 3$^{\#}$ （0.038 7）		
irate			0.068 5** （0.030 1）	0.225*** （0.059 8）
irate^2				−0.465** （0.182 0）
lntfp	−0.005 7 （0.003 8）	−0.005 0 （0.003 7）	0.007 7** （0.003 4）	0.194*** （0.032 2）
其他控制变量	控制	控制	控制	控制
年份	控制	控制	控制	控制
行业	控制	控制	控制	控制
省份	控制	控制	控制	控制
常数项	0.458*** （0.008 1）	0.458 2*** （0.008 1）	0.442*** （0.007 2）	0.325*** （0.021 5）

续表

解释变量	(1)	(2)	(3)	(4)
	滞后一期		IV-GMM 估计	
样本容量	61 888	61 888	61 888	61 888
R^2		0.028	0.106	0.106
弱工具变量检验			289.04***	242.07***
D-W-H 内生性检验			2.58*	37.71***

注：表中“L.”表示相应变量的一阶滞后；表中括号内的数值为相应估计系数的标准误；为了叙述的简洁性，这里没有具体报告其他控制变量的估计系数

***、**、*分别表示在 1%、5%、10%的显著性水平上显著不为 0；#表示在 15%显著性水平下通过检验

首先是以融资约束变量 irate 滞后一阶项替代融资约束变量进行回归，以解决估计的内生问题。Wooldridge（2010）指出，如果回归模型中的扰动项遵循非自相关假定，那么将自变量滞后一期加入模型是合理的。这需要对两个方面进行检验：其一，融资约束指标是否存在自相关，计算发现 $irate_t$ 与 $irate_{t-1}$ 相关系数约为 0.5，且在 1%的水平上显著；其二，滞后一期的变量与误差项不相关，即融资约束的一阶滞后项外生，通过两步回归（采用基本回归模型得到模型误差项，再使用滞后项对误差项进行回归），发现融资约束的滞后项与基本回归模型误差项相关系数基本为 0。以融资约束变量 irate 滞后一期替代融资约束变量的回归结果见表 7.6 列（1），发现融资约束滞后项 L.irate 在接近 15%的显著性水平下（t 值为 0.0118）对出口产品质量存在正向影响；进一步包含变量 L.irate 的平方项后，列（2）表明变量 L.irate 的回归系数显著为正，其平方项的回归系数在接近 15%的显著性水平显著为负。采用滞后融资约束变量以解决内生性问题，有较弱的证据表明，融资约束对于出口产品质量有非线性的倒 U 型影响效应。

其次，基于基本回归模型，进一步选取融资约束变量 irate 的一阶滞后项作为工具变量，采用 IV-GMM 进行估计；并进一步纳入变量 irate 的平方项，进行 IV-GMM 估计，结果见表 7.6 列（3）～列（4），表中同时报告了模型的 D-W-H 内生性检验，以及弱工具变量检验。结果发现，考虑内生性问题后采用 IV-GMM 估计，变量 irate 依然有显著正的回归系数；在列（4）中，变量 irate 有显著正的回归系数，而 irate 的二次项则有显著负的回归系数，这意味着反映融资成本的融资约束变量 irate，对出口产品质量具有倒 U 型的非线性效应，存在融资约束水平的临界值，当融资约束水平低于该临界值时，随着融资约束水平的上升，可能会倒逼企业提高出口产品质量；但当融资约束达到一定水平时，融资约束的上升会抑制企业出口产品质量升级，这与前文研究结论一致。如何深入解释融资约束在低于临界值时，融资约束水平的增加反而会提升出口产品质量呢？接下来从资源

配置的视角展开进一步分析。

7.4　资源配置影响出口产品质量的实证分析

在进一步考察融资约束影响出口产品质量的间接机制之前，这里先从要素配置视角，考察其对出口产品质量的影响，关于要素配置，本节从两个方面来反映：一是资源的初次分配（要素报酬角度）；二是资源的再配置，即要素的配置效率（要素流动视角）。

7.4.1　资源初次分配与出口产品质量

资源的初次分配采用劳动收入份额（laborshare）作为代理指标，劳动收入份额的测算方法见第 3 章。为了消除异常值的影响，对 laborshare 做去尾处理，去除上下两端 5%的异常值，保证劳动收入份额的值处于（0,1）区间，其描述性统计见表 7.7。针对基准模型，以 laborshare 替代融资约束变量，分别进行混合回归和 IV-GMM 回归估计，结果见表 7.8。

表 7.7　劳动收入份额的描述性统计

变量名	观测值	均值	方差	最小值	最大值
laborshare	107 019	0.56	0.21	0.11	0.93

表 7.8　劳动收入份额影响出口产品质量的回归结果

解释变量	（1）	（2）	（3）
	混合回归估计		IV-GMM 估计
laborshare	−0.003 9** （0.001 9）	−0.021 9*** （0.003 9）	−0.024 5*** （0.004 5）
lntfp	−0.024 3*** （0.000 4）	−0.027 3*** （0.006 6）	0.126 2*** （0.034 2）
其他控制变量	不控制	控制	控制
年份	控制	控制	控制
行业	控制	控制	控制
省份	控制	控制	控制
常数项	0.516*** （0.006 5）	0.589*** （0.015 6）	0.398*** （0.024 9）

续表

解释变量	(1)	(2)	(3)
	混合回归估计		IV-GMM 估计
样本容量	107 019	107 019	49 984
弱工具变量检验 *P* 值			0.00***
D-W-H 检验			8.22***

注：表中括号内的数值为相应估计系数的标准误

***、**分别表示在 1%、5%的显著性水平上显著不为 0

可以发现，在分别考虑企业生产率及其他控制变量后，劳动收入份额的估计系数显著为负，其对出口产品质量有负向影响。对于混合回归估计，企业生产率变量的回归系数显著为负；但考虑到模型估计的内生性问题后，以劳动收入份额、企业生产率变量作为内生变量，采用工具变量法进行估计（以相应解释变量的一阶滞后作为工具变量），生产率变量的回归系数则显著为正。根据回归结果，劳动收入份额的提高可能造成出口产品质量下降；一方面是因为控制了企业生产率，也就是控制了劳动报酬通过促进生产积极性、提升生产率进而间接提高产品质量的路径（许明，2016）；另一方面，由于产品的生产过程是资本和劳动力要素相互协调配置的过程，劳动报酬比重上升，意味着劳动力对资本和技术的替代，也就是说，劳动收入份额的相对提升也就意味着资本、技术使用的相对下降，劳动成本相对提高的同时，当期资本使用并不能保持相同程度的提高，从而影响出口产品质量。许和连和王海成（2016）的研究也发现，最低工资标准对出口产品质量存在显著抑制作用，也从一定程度上佐证了本节结论。

7.4.2　资源错配与出口产品质量

这里分别采用企业内资源错配或要素扭曲指标、企业间（行业内）资源错配指标等来反映资源配置效应，研究其对于出口产品质量的影响。企业内资源错配或要素扭曲指标主要选取 miss1、miss2、τk 和 τl，具体见第 3 章；企业间（行业内）资源错配指标主要选取行业生产率对数分布第 75 和 25 百分位数的差（记为 ltfp75-25）以及行业生产率对数分布的离差（lsdtfp），这些变量值越小，表明行业资源配置效率越高，错配程度越小。

1. 企业内资源配置与出口产品质量

表 7.9 给出了企业内资源错配或者要素扭曲影响出口产品质量的混合 OLS 和 IV-GMM 估计结果。采用 IV-GMM 方法估计时，是以企业内资源错配指标、要素扭曲、企业生产率为内生变量，而以内生变量的一阶滞后作为工具变量，结果表

明，变量 miss1 和 miss2 有稳健显著负的回归系数，企业内资源错配显著降低了企业出口产品质量；较强的证据表明资本扭曲变量 τk 对于出口产品质量有负的影响效应，而劳动扭曲变量 τl 的回归系数不显著。王明益（2016）研究指出，劳动力价格的负向扭曲，会刺激企业对非熟练劳动力产生偏向，进而降低要素配置效率，同时新进员工对生产工艺不熟悉，在一定程度上也会造成产品质量的下降；但劳动扭曲在中长期的生产过程中，其引致的经验积累、规模经济效应将逐渐发挥作用，可能对产品质量升级产生正向促进作用。在考虑到估计的内生性问题后，企业生产率依然对出口产品质量有显著正的影响作用。需要注意的是，相对于企业生产率，企业内错配，无论是整体的资源错配变量还是要素扭曲变量，其对出口产品质量的影响系数均比较小。

表 7.9　企业内错配影响出口产品质量的回归结果

解释变量	基本回归估计				IV-GMM 估计			
	（1）	（2）	（3）	（4）	（5）	（6）	（7）	（8）
miss1	−0.000 2* （0.000 1）		−0.003*** （0.000 5）				−0.003 0*** （0.001 0）	
miss2		−0.000 3* （0.000 2）		−0.005 7*** （0.001 7）				−0.006 3*** （0.001 8）
τk	−0.000 2*** 8.33×10^{-5}	−0.000 3*** 7.84×10^{-5}			−0.002** （0.000 6）		−0.000 2 （0.001 0）	−0.002 3*** （0.000 6）
τl	−0.000 6** （0.000 3）	−0.000 6** （0.000 3）				0.000 1 （0.001 1）	0.000 7 （0.001 1）	0.000 3 （0.001 1）
lntfp	−0.004 1 （0.002 8）	−0.004 1 （0.002 8）					0.200*** （0.032 6）	0.186*** （0.031 5）
其他控制变量	控制	控制	不控制	不控制	不控制	不控制	控制	控制
年份	控制	控制	控制	控制	控制	控制	控制	控制
行业	控制	控制	控制	控制	控制	控制	控制	控制
省份	控制	控制	控制	控制	控制	控制	控制	控制
常数项	0.574*** （0.014 8）	0.568*** （0.014 7）	0.346*** （0.020 4）	0.325*** （0.021 3）	0.338*** （0.020 6）	0.214*** （0.005 2）	0.346*** （0.020 4）	0.325*** （0.021 3）
样本容量	125 167	125 167	61 888	61 888	61 888	61 888	61 888	61 888
R^2	0.05	0.05	0.055	0.06	0.06	0.064	0.056	0.058
弱工具变量检验			369.704***	385.923***	394.288***	390.75***	179.192***	195.37***
D-W-H 内生性检验			43.823***	40.069***	36.613***	37.643***	45.255***	44.565***

注：表中括号内的数值为相应估计系数的标准误

***、**、*分别表示在 1%、5%、10%的显著性水平上显著不为 0

2. 行业内资源错配与出口产品质量

表 7.10 报告了行业内资源错配影响出口产品质量的混合 OLS 回归和 IV-GMM 估计结果。根据基本回归结果列（1）～列（4），行业内资源错配有显著负的回归系数；生产率变量的回归系数不显著。表中列（5）、列（6）是相应的 IV-GMM 估计结果，行业内资源错配变量回归系数显著为负，也就是说，随着行业内资源错配的增加，出口产品质量显著降低了。

表 7.10　行业内错配影响企业出口产品质量的回归结果

解释变量	（1）	（2）	（3）	（4）	（5）	（6）
	基本回归结果				IV-GMM 估计	
ltfp75-25	−0.013 9*** （0.004 6）		−0.010 6** （0.004 5）		−0.026*** （0.009 0）	
lsdtfp		−0.027 8** （0.010 9）		−0.017 9* （0.010 7）		−0.034* （0.203 0）
lntfp			−0.003 8 （0.002 8）	−0.003 8 （0.002 8）	0.191*** （0.031 8）	0.193*** （0.032 0）
其他控制变量	不控制	不控制	控制	控制	控制	控制
年份	控制	控制	控制	控制	控制	控制
行业	控制	控制	控制	控制	控制	控制
省份	控制	控制	控制	控制	控制	控制
常数项	0.275*** （0.007 1）	0.285*** （0.012 2）	0.490*** （0.008 0）	0.494*** （0.012 6）	0.842*** （0.194 0）	−0.254 （0.244 0）
样本容量	125 167	125 167	125 167	125 167	61 888	61 888
弱工具变量检验					170.132***	458.077***
D-W-H 内生性检验					35.762***	35.638***

注：表中括号内的数值为相应估计系数的标准误

***、**、*分别表示在 1%、5%、10%的显著性水平上显著不为 0

7.5　融资约束影响出口产品质量的机制检验：资源配置的视角

本节进一步以融资约束变量 irate 为例，考察融资约束如何通过资源配置的途径影响出口产品质量。表 7.11 给出了反映融资成本的 irate 变量影响劳动收入份额的估计结果，可以发现变量 irate 对劳动收入份额的影响显著为负，企业的融资成本越低，劳动收入份额将越高；另一方面，根据第 3 章的研究，融资约束变量 irate 对于企业内或行业内（企业间）资源错配的影响表现为 U 型的非线性特征。而综合 7.3 节和 7.4 节的回归结果，可以发现：融资约束变量 irate 对于企业出口产品质量的影响具有非线性特征；就资源配置的相关指标而言，无论是反映资源初次分配的劳动收入份额，还是企业内或行业内（企业间）资源错配变量，对出口产品质量存在显著负的影响作用。

表 7.11　融资约束与劳动收入份额[①]

解释变量	（1）	（2）
	基本回归	IV-GMM
	laborshare	laborshare
irate	−0.283*** （0.042 1）	−0.656*** （0.146 0）
控制变量	控制	控制
年份	控制	控制
行业	控制	控制
省份	控制	控制
常数项	1.440*** （0.022 4）	1.683*** （0.029 8）
样本容量	125 148	61 878
弱工具变量检验		9.17**
D-W-H 内生性检验		8.77***

注：表中括号内的数值为相应估计系数的标准误

***、**分别表示在 1%、5%的显著性水平上显著不为 0

因此，结合以上研究结论，融资约束、资源错配影响出口产品质量的逻辑关系如图 7.3 所示。从资源配置的视角而言，企业融资约束影响出口产品质量的主要路径包括劳动收入份额和资源错配：一方面，反映融资成本的融资约束变量 irate，对劳动收入份额的影响为负，而劳动收入份额对出口产品质量的影响也为负，因此从该条路径而言，irate 对出口产品质量可能存在正向影响；另一方面，irate 对资源错配的影响表现为 U 型，而资源错配对出口产品质量的影响为负，所

① 第 2 章内容主要是根据前期发表论文整理的，文中考虑到融资约束度量方向性的一致，没有使用变量 irate，并且该指标衡量了企业融资成本，不能反映其可能获取贷款的能力，其对劳动收入份额的影响，在意义上与其他外源融资约束指标是不同的。此外，表中各个解释变量的回归系数同第 2 章一致。

以 irate 可能对出口产品质量存在非线性影响；需要注意的是，在 irate 没有达到拐点之前，它对资源错配的影响为负，那么通过资源错配这条间接路径，irate 对出口产品质量的影响可能为正。

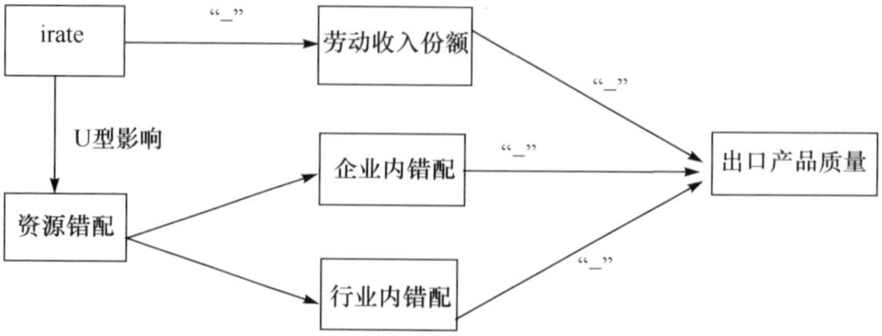

图 7.3　融资约束 irate 影响出口产品质量的间接关系图

为了检验融资约束通过资源配置影响出口产品质量的作用机制，进一步构建中介效应模型进行实证检验，以资源配置的初次分配变量——劳动收入份额（laborshare）、资源再配置效应指标——企业内资源错配（miss）作为中介变量。首先，将企业出口产品质量对包含融资约束在内的相关解释变量进行回归；其次，将中介变量对融资约束等相关解释变量进行回归；最后，将中介变量和融资约束置于同一回归模型，将出口产品质量对中介变量、融资约束变量以及其他相关解释变量进行回归分析。具体模型如下：

$$\text{quality}_{jt}=\alpha_0^1+\alpha_1^1X_{jt}+\alpha_2^1X_{jt}^2+\sum\nolimits_{k=1}^{n}\beta_k^1\text{Ctrl}_{jt}^k+\gamma_s^1+\omega_i^1+\delta_t^1+\mu_{sijt}^1 \qquad (7.14)$$

$$\text{laborshare}_{jt}=\alpha_0^2+\alpha_1^2X_{jt}+\sum\nolimits_{k=1}^{n}\beta_k^2\text{Ctrl}_{jt}^k+\gamma_s^2+\omega_i^2+\delta_t^2+\mu_{sijt}^2 \qquad (7.15)$$

$$\text{miss}_{jt}=\alpha_0^3+\alpha_1^3X_{jt}+\alpha_2^3X_{jt}^2+\sum\nolimits_{k=1}^{n}\beta_k^3\text{Ctrl}_{jt}^k+\gamma_s^3+\omega_i^3+\delta_t^3+\mu_{sijt}^3 \qquad (7.16)$$

$$\begin{aligned}\text{quality}_{jt}=&\alpha_0^4+\alpha_1^4X_{jt}+\alpha_2^4X_{jt}^4+\varphi\text{laborshare}_{jt}+\rho\cdot\text{miss}_{jt}\\&+\sum\nolimits_{k=1}^{n}\beta_k^4\text{Ctrl}_{jt}^k+\gamma_s^4+\omega_i^4+\delta_t^4+\mu_{sijt}^4\end{aligned} \qquad (7.17)$$

其中，变量 X_{jt} 表示融资约束变量；miss_{jt} 表示企业资源错配变量；其他变量同前文；α_i^j（i=0, 1, 2, j=1,2,3,4）、β_k^j（k=1,2,⋯，n, j=1,2,3,4）表示相应的估计系数。方程（7.14）用于考察融资约束对出口产品质量影响的总效应，前文已进行了回归估计；方程（7.15）和方程（7.16）分别用于考察融资约束对中介变量 laborshare 和 miss 的影响效应，分别通过估计系数 α_1^2 和 α_1^3、α_2^3 等系数来反映；方程（7.17）是基于前述两步回归，进一步区分融资约束影响出口产品质量的直接效应，以及融资约束通过资源配置影响出口产品质量的间接效应，分别为 $\alpha_1^2\times\varphi$ 和

$\alpha_1^3 \times \rho + 2\alpha_2^3 \cdot X_{jt} \times \rho$。根据中介效应检验原理，如果$\alpha_1^1$、$\alpha_2^1$不显著时，则停止中介效应分析；否则需要继续进行中介效应分析：对于前者，若α_1^2、φ全部显著，则表明中介效应显著，无须再进行中介效应的 Sobel 检验，若α_1^2、φ中至少一个不显著则需进行 Sobel 检验，Sobel 检验显著则中介效应显著；对于后者，则只需要采用前述方法判断$\alpha_1^3 \times \rho$或者$\alpha_2^3 \times \rho$显著，则表明中介效应显著，如果$\alpha_1^3 \times \rho$和$\alpha_2^3 \times \rho$都不显著，则需要采用进一步检验（温忠麟和叶宝娟，2014）。关于 Sobel 检验，例如检验零假设 $H_0: \alpha_1^2 \times \varphi = 0$，根据温忠麟等（2004）的研究，检验标准误为$S_{\alpha_1^2 \cdot \varphi} = \sqrt{\hat{\varphi}^2 s_{\alpha_1^2}^2 + \widehat{\alpha_1^2}^2 s_\varphi^2}$；但需要注意的是其与标准正态分布有所不同，如 5% 显著性水平上 Sobel 检验统计量的临界值为 0.97 左右（MacKinnon et al., 2002）。这里仅采用 irate 作为融资约束代理变量，企业内整体资源错配选择代理变量 miss1，进行中介效应检验，回归方法采用 IV-GMM 估计法。融资约束通过资源配置影响出口产品质量的中介效应检验结果见表 7.12。

表 7.12 融资约束通过资源配置影响出口产品质量的中介效应检验

解释变量	（1）	（2）	（3）	（4）	（5）	（6）
	quality	laborshare	miss1	quality	quality	quality
irate	0.225*** （0.059 8）	−0.908*** （0.147）	−6.678*** （1.608）	0.221*** （0.060 5）	0.205*** （0.059 8）	0.206*** （0.059 8）
$irate^2$	−0.465** （0.182）		6.530 （5.029）	−0.473*** （0.183）	−0.446** （0.182）	−0.441** （0.181）
laborshare				−0.072 3# （0.052 5）		−0.031 5** （0.013 6）
miss1					−0.003 0*** （0.000 6）	−0.003 2*** （0.000 6）
控制变量	控制	控制	控制	控制	控制	控制
年份	控制	控制	控制	控制	控制	控制
行业	控制	控制	控制	控制	控制	控制
省份	控制	控制	控制	控制	控制	控制
常数项	0.325*** （0.021 5）	0.835*** （0.108）	5.749*** （0.524）	0.331*** （0.022 8）	0.342*** （0.020 9）	0.341*** （0.021 1）
样本容量	61 888	61 888	61 888	61 888	61 888	61 888
弱工具变量检验	242.073***	388.601***	242.073***	187.467***	173.958***	178.535***
D-W-H 内生性检验	37.705***	58.226***	24.456***	43.345***	45.470***	45.266***

注：表中括号内的数值为相应估计系数的标准误

***、**分别表示在 1%、5%的显著性水平上显著不为零，#表示在 15%的显著性水平下显著

根据表 7.13，列（1）为方程（7.14）的回归结果，也就是前文表 7.6 中的模型（4）；列（2）～列（3）为融资约束影响中介变量（劳动收入份额 laborshare 和资源错配 miss1）的回归结果，融资约束变量对于劳动收入份额 laborshare 有显著负的作用，而融资约束影响资源错配 miss1 的一次项回归系数显著为负，二次项系数为正但不显著，总体上表明融资约束抑制了出口产品质量提升；列（4）～列（6）是根据方程（7.17）的回归结果，结果发现，相对于列（1），在控制中介变量 laborshare 和 miss 之后，融资约束变量的一次项回归系数显著为正，二次项回归系数显著为负，也就是说，在其他变量不变时，融资约束变量 irate 对于出口产品质量存在非线性的直接效应，随着融资约束程度增加，出口产品质量是先上升，再降低；同时可以发现，劳动收入份额和企业整体资源错配的增加对出口产品质量提升都有显著负的影响作用，这也反映了融资约束通过资源配置影响出口产品质量的间接效应，进一步检验这种间接效应的显著性，也就是检验中介变量与原融资约束的乘积项是否显著，即检验零假设 $H_0: \alpha_1^2 \times \varphi = 0$，从表 7.12 可知估计系数 α_1^2 显著为负，但估计系数 φ 显著性不稳健，因此计算 $\alpha_1^2 \times \varphi$ 的标准差 $S_{\alpha_1^2 \cdot \varphi} = \sqrt{\hat{\varphi}^2 s_{\alpha_1^2}^2 + \widehat{\alpha_1^2}^2 s_{\varphi}^2}$ 为 0.013，再计算检验统计量为 5.05，大于 5%显著性水平上 Sobel 检验统计量的临界值；而对于要素配置的中介效应检验，从表 7.12 可知，估计系数 α_1^3、ρ 都是显著的，也就是说 $\alpha_1^3 \times \rho$ 和 $\alpha_2^3 \times \rho$ 中至少有一个显著。因此，在融资约束影响出口产品质量的过程中，“要素初次分配”效应（劳动收入份额）和“要素再配置”效应（资源错配）起到了中介渠道作用。

7.6 本章小结

本章首先基于 Melitz（2003）、Fan 等（2015a）以及陈清萍和鲍晓华（2014）等的研究，构建两部门贸易模型，分析了融资约束对出口产品质量的影响机制，进一步基于资源配置的视角，分析了其如何影响融资约束对出口产品质量的作用。其次，建立融资约束影响出口产品质量的计量模型，采用中国工业企业数据、海关进出口贸易数据进行实证研究，发现基于融资成本来衡量的融资约束对于出口产品质量存在倒 U 型的影响效应：当融资约束水平低于一定的门槛值时，随着融资约束程度上升，会倒逼企业提高出口产品质量；但在融资约束水平高于该门槛值时，融资约束程度上升会抑制企业出口产品质量提升，这与已有相关研究结论类似（张杰，2015）；在采用内源融资约束变量，或者考虑模型估计的内生性问题后通过滞后融资约束变量，或者采用 IV-GMM 方法进行稳健性检验，结论基本一致。再次，考虑到资源配置效应，从资源初次分配和资源配置效率的视角，分别探讨了劳动收入份额变化、资源错配对于出口产品质量的影响，研究表明劳动收入份额提高对出口产品质量存在显著负的影响；企业内资源错配和行业内资源错配，都对出口产品质量提升具有显著的抑制效应。最后，结合前文的机制分析，基于资源配置的视角，构建中介效应模型，探讨融资约束如何通过要素分配效应和再配置效应两个渠道影响出口产品质量，证实了这两者是融资约束影响出口产品质量的中介渠道。

第8章 结 语

改革开放四十多年来，我国出口贸易依托两头在外、大进大出的加工贸易模式快速发展，2000年我国货物贸易出口2492亿美元，居世界第七位；2009年我国出口额达到1.2万亿美元，超过德国成为世界第一大出口国；到2015年出口第一的优势进一步扩大，在全球5579个出口项目中，中国有1762①个项目的出口占比排在世界首位，而全球出口第二的德国仅有638个项目排在第一。然而真正决定一国出口优势的不在于出口多少，而在于出口"什么"或者以"什么"方式出口。随着我国经济的提速换挡，经济发展对转变出口方式的内在要求越来越高，党和政府反复强调要转变出口贸易方式，加快培育出口贸易竞争新优势，实现从"大进大出"到"优进优出"转变，推动从贸易大国向贸易强国迈进。但同时可以看到，我国贸易发展转型升级面临的国际环境和形势在发生复杂变化，外部贸易环境存在诸多不确定性，出口总需求不振；世界"逆全球化"趋势明显，美欧等发达国家积极推动制造业回归，我国出口贸易升级和高质量发展面临严重挑战；而从国内经济发展来看，我国经济发展进入了新常态阶段，面临要素成本上升和供应趋紧的双重压力，深层次的资源错配和融资约束影响我国出口持续快速发展，融资约束已成为制约我国经济转型升级、出口发展的重要因素（邓可斌和曾海舰，2014），消除资源错配是促进我国经济效率提升的重要途径②；通过改革缓解融资约束、矫正资源错配，也是我国供给侧结构性改革的重要内容。

基于现实背景和理论背景，遵循理论分析、实证研究和政策建议相结合原则，依据融资约束、资源配置以及企业出口三者的逻辑关系，层层推进展开研究。首先探讨了在企业生产经营过程中，融资约束如何影响资源配置，即要素的初次分配以及要素的再配置效应，不仅涉及融资约束对劳动收入份额的影响，而且包含了融资约束对资源错配的影响；其次，通过贸易边际分解来衡量出口结构，以出口企业产品加成率来反映出口竞争优势，分别研究了融资约束如何影响出口结构及出口竞争力；最后，将融资约束、资源配置和出口贸易纳入到一个统一的框架，讨论融资约束、资源配置与出口行为、出口质量之间的内在关联，考察资源错配如何影响企业出口选择，以及融资约束在其中的调节效应；研究融资约束如何影

① 韩媒：中国1762项出口占比居首 排名全球第一，http://world.chinadaily.com.cn/2017-02/14/content_28195270.htm.

② 思客专访魏尚进：反腐是对企业的间接减税，http://sike.news.cn/statics/sike/posts/2016/03/219493900.html.

响出口产品质量，以及在这个过程中资源配置的中介效应。主要研究结论简要归纳如下。

（1）近 20 年来我国劳动收入份额存在持续下降趋势，企业融资约束在一定程度上对于劳动收入份额变化具有解释作用。从流动资本的视角而言，内源融资约束水平提高，导致企业支付流动性成本的能力不足，从而抑制劳动收入份额提升，相对于国有控股企业，内源融资约束对非国有控股企业劳动收入份额抑制程度较高；外源融资条件的改善会压低劳动收入份额，这是因为各种金融摩擦使得外源融资约束指标（固定资产与总资产的比率）并不能真正反映企业获取流动资本的多少，而且企业用于抵押借贷的固定资产越多，越会造成对企业流动资本的挤占，从而影响对劳动雇佣的支付能力，进而降低劳动收入份额。此外，企业垄断能力对劳动收入份额存在显著的抑制作用，融资约束对收入份额的影响效应随着企业垄断能力的上升而下降，而企业所处行业的垄断程度、资本产出比、国有和集体资本份额与企业劳动收入份额正相关，人均生产率的提升反而不利于劳动收入份额提高。

（2）在分析融资约束对企业内、行业内资源错配影响机制的基础上，分别构建企业内、行业内资源错配指标，实证研究发现，融资约束对于企业内资源错配、行业内资源错配具有非线性的影响作用：存在融资约束的临界值，在该临界值前后，企业内和行业内资源错配随着融资约束程度的提高先下降后上升。异质性分析表明，国有企业面临更高的融资约束临界值；融资约束对劳动密集型行业存在显著的企业内错配效应，而对行业内错配的影响主要表现在资本密集型行业，对于不同地区而言，融资约束对企业内、行业内资源错配的影响存在差异性。

（3）通过将出口增长分解为扩展边际、价格边际和数量边际后，发现我国制造业出口增长主要依赖于集约边际，尤其是数量边际起主导作用，而价格边际在样本期间变化不大，增速平缓；不同制造业行业出口增长的三元边际存在较大差异性。要推动我国出口持续增长，需要进一步转变出口贸易方式，向以扩展边际和价格边际为主的品质型增长转变。融资约束对出口三元边际具有显著的影响作用，内外部融资约束的缓解有助于出口扩展边际增长，但对于出口价格边际的作用存在差异，降低内外部融资约束程度有利于促进制造业出口数量边际增长。

（4）企业或者产品加成率反映了其市场势力，通过测度中国多产品出口企业的产品加成率来反映出口产品竞争优势，从融资约束的视角，探求提升中国企业出口产品竞争新优势的可靠途径。融资约束显著降低了中国多产品出口企业产品加成率，但对非核心产品加成率的抑制效应要小于核心产品；生产率和产品质量是融资约束影响企业出口产品加成率的两个中介渠道，中国多产品出口企业采取了质量竞争的核心产品策略，融资约束对核心产品质量升级的抑制幅度大于非核心产品，从而导致了其对多产品企业核心产品和非核心产品加成率存在差异化影响。此外，相对于国有企业而言，融资约束对非国有企业出口产品加成率的影响更大；而企业生产率水平越高，融资约束对出口产品加成率的影响越显著。

（5）我国企业内整体资源错配、资本扭曲显著促进了企业的出口选择以及出口企业的出口强度，但劳动扭曲对出口行为的影响为负；资源错配可以通过生产率效应、要素替代效应影响企业的出口行为，而要素替代效应在这个过程中发挥了主导作用。考虑企业异质性后研究发现，整体资源错配对劳动密集型、资本密集型企业出口选择和出口强度的影响显著为正，但对技术密集型企业的影响不显著；相较于非国有企业，资源错配对国有企业出口规模的扩张作用有限，而对出口选择的影响并无差异；对于高出口强度企业，资源错配对出口的促进效应最为显著，因为高出口强度企业多是集中加工贸易出口，主要依赖劳动成本优势，资源错配通过“要素替代”效应对出口产生显著影响。在资源错配影响企业出口行为的过程中，融资约束具有重要的调节效应，融资约束的收紧有利于我国企业选择出口，并且随着融资约束程度降低，企业资源错配对出口选择的促进作用增强。

（6）样本期间，我国企业出口产品质量总体呈现下降的趋势特征，可能原因是加入 WTO 后市场准入门槛降低，更多的低技术生产能力的企业进入到出口市场；同时发现企业成立年限与出口产品质量呈负相关，我国企业的出口产品质量存在“低端锁定”现象。融资约束对出口产品质量具有显著的影响，但这种影响作用依赖于融资约束测度指标的选择；考虑到内生问题以及融资约束的二次项，发现以企业融资成本衡量的融资约束与出口产品质量存在倒 U 型关系；要素分配效应和资源再配置效应是融资约束影响出口产品质量的两个有效中介渠道。

结合本书研究，进一步提出如下几个方面的政策建议。①不断优化融资环境，降低企业外源融资约束，合理提升企业的劳动收入份额。我国劳动收入份额下降引起了众多学者的关注，许多文献分别从多个角度进行原因解释和因素探讨，本书基于融资约束的视角进行了分析，研究发现，在政策层面上应不断优化企业所处的金融生态环境，切实提升金融部门服务效率，不断增加企业的融资渠道，解决企业特别是中小企业的外源融资约束问题，通过提高企业“流动资本”促进劳动收入份额提升。但应该注意到促进劳动收入份额提升是一个系统工程，这里并不能提供一个完整的政策应对方案，其他包括：进一步规范行业管理，完善行业公平竞争机制；注重员工培训和教育，提高劳动者生产效率等。②逐步解决企业融资约束问题，促进要素配置效率提升。本书研究发现，融资约束对企业内错配和行业内错配的影响显著；企业的内部融资约束主要受经营能力的影响，外部融资约束则主要依赖于市场制度环境以及相关政策支持。因此，应该进一步疏通企业融资的“节点”、“堵点”和“痛点”，提高金融服务实体经济效率，优化资本市场融资环境，改变以间接融资为主的金融体系，不断缓解企业融资约束，逐步提升企业要素配置效率；结合营商环境的持续优化，完善政府治理体系建设，有效促进资源配置效率提升。③继续深化金融体制机制改革，逐步构建完善、高效的服务实体经济的市场生态体系。进一步完善市场化利率的形成机制，构建有效的资本价格体系，充分发挥“市场看不见的手”的作用，提升资本要素的使用效率，虽然贷款市场报价利率（loan prime rate，LPR）的推出一定程度上疏通了银行间市场利率向贷款市场利率的传导，但仍未真正打通存-贷款市场之间的利率壁垒。要注重金融体制优化，推动金融机构重心下沉，切实增强服务实体经济能力，避免脱实向虚；近年来大型国有银行通过落实普惠金融发展政策，一定程度上化解了小微企业的融资贵、融资难问题。深化多层次资本市场改革，推动股权结构改善，提高企业内部治理效率，提升要素配置能力，引入创新股权资金，破解企业外部融资约束，赋能企业出口质量升级。④激励企业加强研发创新，培育贸易竞争新优势，深入挖掘出口增长潜力。资源配置效率对于企业出口竞争力具有重要影响，本书研究表明，在传统的贸易增长路径下资源错配可能通过要素替代效应促进出口，在成本优势难以持续的条件下，应进一步激励企业加大研发投入，增强自主创新能力，培育以技术、质量、品牌为核心的贸易竞争新优势；全方位、多层面推动“稳外贸”“稳外资”的相关政策措施落实落地，牢牢把握我国供给侧结构性改革“三去一降一补”，精准施策，特别是加大减税降费力度，营造更加透明、更加公平的税收营商环境。此外，在企业出口质量升级的过程中，要关注企业劳动收入份额提高，不断完善社会保障制度；同时通过加强自主创新，优化资源配置，不断提高全要素生产率，实现劳动报酬增长、劳动生产率提高与产品质量升级的同步。⑤进一步推动我国高水平开放，加快构建区域价值链命运共同体。要加快体制改革，加大对外开放力度、推进自贸区、自贸港建设，健全“一带一路”投资政策和服务体系。截至 2020 年末，我国已经先后签署了 21 个自贸区协定[①]，同 138 个国家和 31 个国际组织签署 202 份共建“一带一路”合作文件[②]。此次新冠肺炎疫情更是加速了全球价值链的区域化、本土化发展以及价值链的重构。因此，一方面要加快推动形成全面开放新格局，特别是要加强制度创新，切实推进自由贸易港和自贸区建设，打造全方位、宽领域、高质量的开放新高地；另一方面要依托“一带一路”倡议，以自贸区发展为基础，加快我国全球价值链重构，特别是加强与东亚和东南亚国家或地区的合作，打造东亚价值链命运共同体；深化与“一带一路”沿线国家的经贸合作，构建中国主导的“一带一路”区域价值链，不断提升我国在全球价值链中的话语权。

① 中国自贸区服务网，http://fta.mofcom.gov.cn/.

② 发改委：截至目前我国已与 138 个国家、31 个国际组织签署 202 份共建“一带一路”合作文件，http://www.zqrb.cn/finance/hongguanjingji/2020-12-16/A1608097016419.html.

参 考 文 献

白重恩, 钱震杰. 2009a. 国民收入的要素分配: 统计数据背后的故事. 经济研究, 44(3): 27-41.

白重恩, 钱震杰. 2009b. 谁在挤占居民的收入——中国国民收入分配格局分析. 中国社会科学, (5): 99-115, 206.

白重恩, 钱震杰, 武康平. 2008. 中国工业部门要素分配份额决定因素研究. 经济研究, (8): 16-28.

曹玉书, 楼东玮. 2012. 资源错配、结构变迁与中国经济转型. 中国工业经济, (10): 5-18.

陈继勇, 刘骐豪. 2015. 信贷融资对中国企业出口行为的影响——基于双重信贷和双重出口边际的研究. 世界经济研究, (4): 53-63, 128.

陈清萍, 鲍晓华. 2014. 融资约束、金融发展与我国企业出口产品质量——基于银行信贷和商业信贷的双重视角. 现代财经(天津财经大学学报), (5): 36-46, 83.

陈晓华, 沈成燕. 2015. 出口持续时间对出口产品质量的影响研究. 国际贸易问题, (1): 47-57.

陈永伟, 胡伟民. 2011. 价格扭曲、要素错配和效率损失: 理论和应用. 经济学(季刊), 10(3): 1401-1422.

戴觅, 余淼杰, Maitra M. 2014. 中国出口企业生产率之谜: 加工贸易的作用. 经济学(季刊), 13(1): 675-698.

邓可斌, 曾海舰. 2014. 中国企业的融资约束: 特征现象与成因检验. 经济研究, 49(2): 47-60, 140.

邓郁松. 2017-3-10. 稳步推进经济转型, 着力构建经济发展新格局(百名学者前瞻今年中国经济形势), 中国经济时报(A04).

樊海潮, 郭光远. 2015. 出口价格、出口质量与生产率间的关系: 中国的证据. 世界经济, 38(2): 58-85.

范剑勇, 冯猛. 2013. 中国制造业出口企业生产率悖论之谜: 基于出口密度差别上的检验. 管理世界, (8): 16-29.

方军雄. 2007. 所有制、制度环境与信贷资金配置. 经济研究, 42(12): 82-92.

方军雄. 2011. 劳动收入比重, 真的一致下降吗?——来自中国上市公司的发现[J]. 管理世界, (7): 31-41, 188.

龚关, 胡关亮. 2013. 中国制造业资源配置效率与全要素生产率. 经济研究, 48(4): 4-15, 29.

韩剑, 郑秋玲. 2014. 政府干预如何导致地区资源错配——基于行业内和行业间错配的分解. 中国工业经济, (11): 69-81.

何光辉, 杨咸月. 2012. 融资约束对企业生产率的影响——基于系统 GMM 方法的国企与民企差异检验. 数量经济技术经济研究, 29(5): 19-35.

黄先海, 徐圣. 2008. 生产率、贸易条件与实际汇率变动[J]. 数量经济技术经济研究, 25(6): 101-110, 161.

黄先海, 徐圣. 2009. 中国劳动收入比重下降成因分析——基于劳动节约型技术进步的视角. 经济研究, 44(7): 34-44.

黄益平. 2009. 国际货币体系变迁与人民币国际化. 国际经济评论, (3): 20-25.

简泽. 2011. 企业间的生产率差异、资源再配置与制造业部门的生产率. 管理世界, (5): 11-23.

姜磊, 张媛. 2008. 对外贸易对劳动分配比例的影响——基于中国省级面板数据的分析. 国际贸易问题, (10): 26-33.
江小涓. 2002. 中国出口增长与结构变化: 外商投资企业的贡献. 南开经济研究, (2): 30-34.
鞠晓生, 卢荻, 虞义华. 2013 . 融资约束、营运资本管理与企业创新可持续性. 经济研究, 48(1): 4-16.
康志勇. 2014. 要素市场扭曲对中国本土企业出口行为的影响——出口选择抑或出口数量. 世界经济研究, (6): 23-29, 87.
孔祥贞, 刘海洋, 徐大伟. 2013. 出口固定成本、融资约束与中国企业出口参与. 世界经济研究, (4): 46-53, 88.
李春顶, 石晓军, 邢春冰. 2010. “出口–生产率悖论”: 对中国经验的进一步考察. 经济学动态, (8): 90-95.
李宏亮, 谢建国. 2018. 融资约束与企业成本加成. 世界经济, 41(11): 121-144.
李青原, 李江冰, 江春, 等. 2013. 金融发展与地区实体经济资本配置效率——来自省级工业行业数据的证据. 经济学(季刊), 12(1): 527-548.
李思慧, 徐保昌. 2018. 金融市场化、融资约束与企业成本加成: 来自中国制造业企业的证据. 国际贸易问题, (2): 164-174.
李扬, 殷剑峰. 2007. 中国高储蓄率问题探究——1992—2003 年中国资金流量表的分析. 经济研究, 42(6): 14-26.
梁琦, 陈强远, 王如玉. 2013. 户籍改革、劳动力流动与城市层级体系优化. 中国社会科学, (12): 36-59, 205.
林毅夫, 孙希芳. 2008. 银行业结构与经济增长. 经济研究, 43(9): 31-45.
刘慧, 陈晓华, 吴应宇. 2014. 融资约束、出口与本土制造业出口技术复杂度升级——基于微观企业层面的机理与实证. 山西财经大学学报, 36(3): 67-76.
刘晴, 程玲, 邵智, 陈清萍. 2017. 融资约束、出口模式与外贸转型升级. 经济研究, (5) : 75-88.
刘小玄, 周晓艳. 2011. 金融资源与实体经济之间配置关系的检验——兼论经济结构失衡的原因. 金融研究, (2): 57-70.
鲁桐, 党印. 2014. 公司治理与技术创新: 分行业比较. 经济研究, 49(6): 115-128.
罗长远. 2008. 卡尔多“特征事实”再思考: 对劳动收入占比的分析. 世界经济, 31(11): 86-96.
罗长远, 陈琳. 2011. FDI 是否能够缓解中国企业的融资约束. 世界经济, 34(4): 42-61.
罗长远, 陈琳. 2012. 融资约束会导致劳动收入份额下降吗?——基于世界银行提供的中国企业数据的实证研究. 金融研究, (3): 29-42.
罗长远, 季心宇. 2015. 融资约束下的企业出口和研发: “鱼”与“熊掌”不可得兼?金融研究, (9): 140-158.
罗长远, 张军. 2009. 经济发展中的劳动收入占比: 基于中国产业数据的实证研究. 中国社会科学, (4): 65-79, 206.
罗德明, 李晔, 史晋川. 2012. 要素市场扭曲、资源错置与生产率. 经济研究, (3): 4-14, 39.
罗琦, 肖文翀, 夏新平. 2007. 融资约束抑或过度投资——中国上市企业投资—现金流敏感度的经验证据. 中国工业经济, (9): 103-110.
马淑琴, 王江杭. 2014. 融资约束与异质性企业出口前沿研究述评. 国际贸易问题, (11): 164-176.
毛其淋. 2013. 要素市场扭曲与中国工业企业生产率——基于贸易自由化视角的分析. 金融研

究, (2): 156-169.
聂辉华, 贾瑞雪. 2011. 中国制造业企业生产率与资源误置. 世界经济, 34(7): 27-42.
钱学锋. 2008. 企业异质性、贸易成本与中国出口增长的二元边际. 管理世界, (9): 48-56, 66, 187.
钱学锋, 毛海涛, 徐小聪. 2016. 中国贸易利益评估的新框架——基于双重偏向型政策引致的资源误置视角. 中国社会科学, (12): 83-108, 206.
钱学锋, 潘莹, 毛海涛. 2015. 出口退税、企业成本加成与资源误置. 世界经济, 38(8): 80-106.
钱学锋, 王胜, 陈勇兵. 2013. 中国的多产品出口企业及其产品范围: 事实与解释. 管理世界, (1): 9-27, 66.
任曙明, 吕镯. 2014. 融资约束、政府补贴与全要素生产率——来自中国装备制造企业的实证研究. 管理世界, (11): 10-23, 187.
邵敏, 包群, 叶宁华. 2013. 信贷融资约束对员工收入的影响——来自我国企业微观层面的经验证据. 经济学(季刊), (3): 895-912.
施炳展. 2010. 中国出口增长的三元边际. 经济学(季刊), 9(4): 1311-1330.
施炳展. 2013. 中国企业出口产品质量异质性: 测度与事实. 经济学(季刊), 13(1): 263-284.
施炳展, 王有鑫, 李坤望. 2013. 中国出口产品品质测度及其决定因素. 世界经济, 36(9): 69-93.
施炳展, 冼国明. 2012. 要素价格扭曲与中国工业企业出口行为. 中国工业经济, (2): 47-56.
施炳展, 曾祥菲. 2015. 中国企业进口产品质量测算与事实. 世界经济, (3): 57-77.
盛丹. 2013. 地区行政垄断与我国企业出口的“生产率悖论”. 产业经济研究, (4): 70-80.
盛丹, 王永进. 2012. 中国企业低价出口之谜——基于企业加成率的视角. 管理世界, (5): 8-23.
宋结焱, 施炳展. 2014. 出口贸易是否降低了中国行业内资源错配?. 世界经济研究, (10): 53-60, 88-89.
孙楚仁, 张卡, 章韬. 2013. 最低工资一定会减少企业的出口吗. 世界经济, (8): 100-124.
孙楚仁, 赵瑞丽, 陈瑾, 等. 2014. 政治关系、融资约束与企业出口行为——基于 2004 年世界银行“商业环境和企业绩效调查”中国企业数据的实证分析. 中南财经政法大学学报, (3): 140-149.
孙灵燕, 李荣林. 2011. 融资约束限制中国企业出口参与吗? 经济学(季刊), (1): 231-252.
孙浦阳, 彭伟瑶. 2014. 外商直接投资、资源配置与生产率提升——基于微观数据的验证. 中南财经政法大学学报, (6): 131-139, 160.
田巍, 余淼杰. 2013. 企业出口强度与进口中间品贸易自由化: 来自中国企业的实证研究. 管理世界, (1): 28-44.
涂正革, 肖耿. 2005. 中国的工业生产力革命——用随机前沿生产模型对中国大中型工业企业全要素生产率增长的分解及分析. 经济研究, (3): 4-15.
汪伟, 郭新强, 艾春荣. 2013. 融资约束、劳动收入份额下降与中国低消费. 经济研究, (11): 100-113.
王林辉, 袁礼. 2014. 资本错配会诱发全要素生产率损失吗. 统计研究, (8): 11-18.
王明益. 2016. 要素价格扭曲会阻碍出口产品质量升级吗——基于中国的经验证据. 国际贸易问题, (8): 28-39.
王文, 孙早, 牛泽东. 2014. 产业政策、市场竞争与资源错配. 经济学家, (9): 22-32.
魏浩, 白明浩, 郭也. 2019. 融资约束与中国企业的进口行为. 金融研究, (2): 98-116.
温忠麟, 叶宝娟. 2014. 有调节的中介模型检验方法: 竞争还是替补?心理学报, 46(5): 714-726.

温忠麟, 张雷, 侯杰泰, 等. 2004. 中介效应检验程序及其应用. 心理学报, 36(5): 614-620.
文东伟, 冼国明. 2014. 企业异质性、融资约束与中国制造业企业的出口. 金融研究, (4): 98-113.
徐榕, 赵勇. 2015. 融资约束如何影响企业的出口决策? 经济评论, (3): 108-120.
许和连, 王海成. 2016. 最低工资标准对企业出口产品质量的影响研究. 世界经济, 39(7): 73-96.
许明. 2016. 市场竞争、融资约束与中国企业出口产品质量提升. 数量经济技术经济研究, (9): 40-57.
许明, 邓敏. 2016. 产品质量与中国出口企业加成率——来自中国制造业企业的证据. 国际贸易问题, (10): 26-37.
薛新红, 王忠诚. 2016. 国家质量声誉、国家软实力与企业出口利润. 世界经济研究, (11): 47-59, 136.
阳佳余. 2012. 融资约束与企业出口行为: 基于工业企业数据的经验研究. 经济学(季刊), (4): 1503-1524.
杨振, 陈甬军. 2013. 中国制造业资源误置及福利损失测度. 经济研究, 48(3): 43-55.
易靖韬, 蒙双. 2017. 多产品出口企业、生产率与产品范围研究. 管理世界, (5): 41-50.
于洪霞, 龚六堂, 陈玉宇. 2011. 出口固定成本融资约束与企业出口行为. 经济研究, 46(4): 55-67.
于蔚, 汪淼军, 金祥荣. 2012. 政治关联和融资约束: 信息效应与资源效应. 经济研究, (9): 125-139.
余淼杰, 张睿. 2016. 国际贸易中的产品质量研究: 一个综述. 宏观质量研究, (3): 23-31.
余淼杰, 张睿. 2017. 中国制造业出口质量的准确衡量: 挑战与解决方法. 经济学(季刊), 16(2): 463-484.
余子良, 佟家栋. 2016. 所有制、出口行为与企业融资约束. 世界经济, (3): 26-48.
张杰. 2015. 金融抑制、融资约束与出口产品质量. 金融研究, (6): 64-79.
张杰, 黄泰岩, 芦哲. 2011. 中国企业利润来源与差异的决定机制研究. 中国工业经济, (1): 27-37.
张杰, 郑文平. 2015. 政府补贴如何影响中国企业出口的二元边际. 世界经济, (6): 22-48.
张杰, 郑文平, 束兰根. 2013. 融资约束如何影响中国企业出口的二元边际? 世界经济文汇, (4): 59-80.
张杰, 郑文平, 翟福昕. 2014. 中国出口产品质量得到提升了么? 经济研究, (10): 46-59.
张宁. 2016. 创新优化政策手段, 积极应对进出口下滑——当前我国对外贸易形势分析与对策建议. 国际贸易, (3): 33-39.
张佩, 马弘. 2012. 借贷约束与资源错配——来自中国的经验证据. 清华大学学报(自然科学版), (9): 1303-1308.
张庆君, 李雨霏, 毛雪. 2016. 所有制结构、金融错配与全要素生产率. 财贸研究, 27(4): 9-15, 23.
张钟文, 陈永伟, 许宪春. 2016. 国内外关于资源错配的研究观点述评. 经济纵横, (5): 124-128.
中国企业家调查系统. 2015. 企业经营者对宏观形势及企业经营状况的判断、问题和建议——2015 中国企业经营者问卷跟踪调查报告. 管理世界, (12): 41-57.
钟腾龙, 祝树金, 段凡. 2018. 中国出口二元边际的多维测算: 2000—2013. 经济学动态, (5): 86-101.
周世民, 盛月, 陈勇兵. 2014. 生产补贴、出口激励与资源错置: 微观证据, 世界经济, 37(12):

47-66.

祝树金，赵玉龙. 2016. 融资约束如何影响劳动收入份额. 统计研究, 33(9): 55-62.

祝树金，钟腾龙，李仁宇. 2018. 中间品贸易自由化与多产品出口企业的产品加成率. 中国工业经济, (1): 41-59.

Acemoglu D, Pischke J S. 1999. Minimum wages and on-the-job training. NBER Working Papers 7184, National Bureau of Economic Research, Inc.

Ackerberg D, Benkard C L, Berry S, et al. 2007. Chapter 63 econometric tools for analyzing market outcomes// Heckman J J, Leamer E E, Handbook of Econometrics. Amsterdam: Elsevier: 4171-4276.

Aghion P, Howitt P. 2008. The Economics of Growth. London: MIT Press.

Akerlof G A. 1982. Labor contracts as partial gift exchange. The Quarterly Journal of Economics, 97(4): 543-569.

Alfaro L, Kalemli-Ozcan S, Volosovych V. 2008. Why doesn't capital flow from rich to poor countries? An empirical investigation. The Review of Economics and Statistics, 90(2): 347-368.

Allen F, Qian J, Qian M J. 2005. Law, finance, and economic growth in China. Journal of Financial Economics, 77(1): 57-116.

Altman E I. 1984. A further empirical investigation of the bankruptcy cost question. The Journal of Finance, 39(4): 1067-1089.

Amiti M, Freund C. 2008. The anatomy of China's export growth. Policy Research Working Paper 4628, The World Bank Development Research Group, Trade Team.

Amiti M, Weinstein D E. 2009. Exports and financial shocks. National Bureau of Economic Research.

Aoki S. 2012. A simple accounting framework for the effect of resource misallocation on aggregate productivity. Journal of the Japanese and International Economies, 26(4) : 473-494.

Auer R, Chaney T. 2009. Exchange rate pass-through in a competitive model of pricing-to-market. Journal of Money, Credit and Banking, 41(s1): 151-175.

Auer R, Chaney T, Sauré P. 2018. Quality pricing-to-market. Journal of International Economics, 110: 87-102.

Azariadis C, Kaas L. 2012. Capital misallocation and aggregate factor productivity. Federal Reserve Bank of St. Louis Working Paper, 46.

Aziz J, Cui L, Qrg J, et al. 2007. Explaining China's low consumption: the neglected role of household income. IMF Working Papers, 7(181): 1.

Aziz J, Duenwald C. 2002, Growth-financial intermediation nexus in China. IMF Working Papers, WP02194.

Azmat G, Manning A L, Reenen J V. 2012. Privatization and the decline of labour's share: international evidence from network industries. Economica, 79(315): 470-492.

Baldwin R, Harrigan J. 2011. Zeros, quality, and space: trade theory and trade evidence. American Economic Journal: Microeconomics, 3(2): 60-88.

Banerjee A V, Duflo E. 2005. Chapter7 growth theory through the lens of development economics. Handbook of Economic Growth. Amsterdam: Elsevier: 473-552.

Banerjee A V, Moll B. 2010. Why does misallocation persist? American Economic Journal: Macroeconomics, 2(1): 189-206.

Banerjee A V, Newman A F. 1993. Occupational choice and the process of development. Journal of Political Economy, 101(2): 274-298.

Barseghyan L, DiCecio R. 2011. Entry costs, industry structure, and cross-country income and TFP differences. Journal of Economic Theory, 146(5): 1828-1851.

Bartelsman E, Haltiwanger J, Scarpetta S. 2013. Cross-country differences in productivity: the role of allocation and selection. American Economic Review, 103(1): 305-334.

Bas M, Strauss-Kahn V. 2015. Input-trade liberalization, export prices and quality upgrading. Journal of International Economics, 95(2): 250-262.

Beck T, Demirgüç-Kunt A, Levine R. 2009. Financial institutions and markets across countries and over time-data and analysis. World Bank Policy Research Working Paper Series.

Bellone F, Musso P, Nesta L, et al. 2010. Financial constraints and firm export behaviour. The World Economy, 33(3): 347-373.

Bentolila S, Saint-Paul G. 2003. Explaining movements in the labor share, Contributions in Macroeconomics, 3(1): 1103-1136.

Berman N, Héricourt J. 2010. Financial factors and the margins of trade: evidence from cross-country firm-level data. Journal of Development Economics, 93(2): 206-217.

Berman N, Martin P, Mayer T. 2012. How do different exporters react to exchange rate changes? The Quarterly Journal of Economics, 127(1): 437-492.

Bernanke B S, Gertler M, Gilchrist S. 1998. The financial accelerator in a Quantitative Business Cycle Framework. NBER Working Paper, No. w6455.

Bernanke B S, Gertler M, Gilchrist S. 1999. Chapter 21 The financial accelerator in a quantitative business cycle framework. Taylor J B, Woodford M. Handbook of Macroeconomics, Amsterdam: Elsevier: 1341-1393.

Bernard A B, Jensen J B. 1999. Exporting and productivity. National Bureau of Economic Research.

Bernard A B, Jensen J B. 2004. Why some firms export. Review of Economics and Statistics, 86(2): 561-569.

Bernard A B, Jensen J B, Redding S J, et al. 2009. The margins of US trade. The American Economic Review, 99(2): 487-493.

Bernard A B, Redding S J, Schott P K. 2010. Multiple-product firms and product switching. The American Economic Review, 100(1): 70-97.

Bernard A B, van Beveren I, Vandenbussche H. 2014. Multi-product exporters and the margins of trade. The Japanese Economic Review, 65(2): 142-157.

Bernini M, Guillou S, Bellone F. 2015. Financial leverage and export quality: evidence from France. Journal of Banking & Finance, 59: 280-296.

Besedeš T, Kim B C, Lugovskyy V. 2014. Export growth and credit constraints. European Economic Review, 70: 350-370.

Blanchard O, Giavazzi F. 2003. Macroeconomic effects of regulation and deregulation in goods and labor markets. The Quarterly Journal of Economics, 118(3): 879-907.

Blundell R, Bond S. 1998. Initial conditions and moment restrictions in dynamic panel data models. Journal of Econometrics, 87(1): 115-143.

Bowles S, Gintis H M. 1990. Contested exchange: new microfoundations for the political economy of capitalism. Politics & Society, 18(2): 165-222.

Brandt L, Li H B. 2003. Bank discrimination in transition economies: ideology, information, or incentives? . Journal of Comparative Economics, 31(3): 387-413.

Brandt L, van Biesebroeck J, Wang L H, et al. 2017. WTO accession and performance of chinese manufacturing firms. American Economic Review, 107(9): 2784-2820.

Brandt L, van Biesebroeck J, Zhang Y F. 2012. Creative accounting or creative destruction? Firm-level productivity growth in Chinese manufacturing. Journal of Development Economics, 97(2): 339-351.

Braun M. 2003. Financial contractibility and asset hardness. Los Angeles: University of California.

Bresnahan T F. 1987. Competition and collusion in the American automobile industry: the 1955 price war. The Journal of Industrial Economics, 35(4): 457-482.

Brown P. 2011. International Financial Reporting Standards: what are the benefits? Accounting and Business Research, 41(3): 269-285.

Buch C M, Kesternich I, Lipponer A, et al. 2009. Financial constraints and the margins of FDI. CEPR Discussion Papers 7444.

Buera F J, Kaboski J P, Shin Y. 2011. Finance and development: a tale of two sectors. The American Economic Review, 101(5): 1964-2002.

Bustos P. 2011. Trade liberalization, exports, and technology upgrading: evidence on the impact of MERCOSUR on Argentinian firms. The American Economic Review, 101(1): 304-340.

Caballero R J. 1999. Aggregate investment. Handbook of Macroeconomics, 1(12): 813-862.

Cai H B, Liu Q, Xiao G. 2005. Does competition encourage unethical behavior? The case of profit hiding in China. Los Angeles: University of California.

Campello M, Graham J R, Harvey C R. 2010. The real effects of financial constraints: evidence from a financial crisis. Journal of Financial Economics, 97(3): 470-487.

Caselli F. 2005. Accounting for cross-country income differences. Aghion P, Durlauf S. Handbook of Economic Growth, Volume 1, Chapter 9, Amsterdam: Elsevier: 679-741.

Chaney T. 2005a. Productivity overshooting: the dynamic impact of trade opening with heterogeneous firms. University of Chicago Working Paper.

Chaney T. 2005b. Liquidity constrained exporters. Mimeo: University of Chicago.

Chaney T. 2008. Distorted gravity: the intensive and extensive margins of international trade, American Economic Review, 98(4): 1707-1721.

Chen N, Juvenal L. 2016. Quality, trade, and exchange rate pass-through. Journal of International Economics, 100: 61-80.

Chor D, Manova K. 2012. Off the cliff and back? Credit conditions and international trade during the global financial crisis. Journal of International Economics, 87(1): 117-133.

Ciani A, Bartoli F. 2013. Export quality upgrading and credit constraints. Milon: Bocconi University.

Cleary W S. 1999. The relationship between firm investment and financial status. The Journal of

Finance, 54(2): 673-692.

Crinò R, Ogliari L. 2014. Financial frictions, product quality and international trade. CEMFI Working Paper, No. 1403.

Crozet M, Head K, Mayer T. 2012. Quality sorting and trade: firm-level evidence for French wine. The Review of Economic Studies, 79(2): 609-644.

Czarnitzki D. 2006. Research and development in small and medium-sized enterprises: the role of financial constraints and public funding. Scottish Journal of Political Economy, 53(3): 335-357.

Daudey E, García-Peñalosa C. 2007. The personal and the factor distributions of income in a cross-section of countries. The Journal of Development Studies, 43(5): 812-829.

De Loecker J, Goldberg P K, Khandelwal A K, et al. 2016. Prices, markups, and trade reform. Econometrica, 84(2): 445-510.

De Loecker J, Warzynski F. 2012. Markups and firm-level export status. American Economic Review, 2012, 102(6): 2437-2471.

Demidova S, Rodríguez-Clare A. 2009. Trade policy under firm-level heterogeneity in a small economy. Journal of International Economics, 78(1): 100-112.

Dollar D, Wei S J. 2007. Das (wasted) kapital: firm ownership and investment efficiency in China. NBER Working Paper, No. 13103.

Domowitz I, Hubbard R G, Petersen B C. 1986. Business cycles and the relationship between concentration and price-cost margins. The RAND Journal of Economics, 17(1): 1-17.

Domowitz I, Hubbard R G, Petersen B C. 1988. Market structure and cyclical fluctuations in U. S. manufacturing. The Review of Economics and Statistics, 70: 55-66.

Eckel C, Iacovone L, Javorcik B, et al. 2015. Multi-product firms at home and away: cost-versus quality-based competence. Journal of International Economics, 95(2): 216-232.

Eckel C, Neary J P. 2010. Multi-product firms and flexible manufacturing in the global economy. The Review of Economic Studies, 77(1): 188-217.

Edmond C, Midrigan V, Xu D Y. 2012. Competition, markups, and the gains from international trade. NBER Working Paper, No. 18041.

Egger P H, Kesina M. 2014. Financial constraints and the extensive and intensive margin of firm exports: panel data evidence from China. Review of Development Economics, 18(4): 625-639.

Epifani P, Gancia G. 2011. Trade, markup heterogeneity and misallocations. Journal of International Economics, 83(1): 1-13.

Falvey R E. 1981. Commercial policy and intra-industry trade. Journal of International Economics, 11(4): 495-511.

Falvey R E, Kierzkowski H. 1987. Product quality, intra-industry trade and perfect competition in international trade. Essays in honour of WM Corden.

Fan H C, Gao X, Li Y A, et al. 2018. Trade liberalization and markups: micro evidence from China. Journal of Comparative Economics, 46(1): 103-130.

Fan H C, Lai E L C, Li Y A. 2015a. Credit constraints, quality, and export prices: theory and evidence from China. Journal of Comparative Economics, 43(2): 390-416.

Fan H C, Li Y A, Yeaple S R. 2015b. Trade liberalization, quality, and export prices. Review of

Economics and Statistics, 97(5): 1033-1051.

Fauceglia D. 2011. Credit constraints, firm exports and financial development: evidence from developing countries. University of St. Gallen Working Paper.

Fauceglia D. 2015. Credit constraints, firm exports and financial development: evidence from developing countries. The Quarterly Review of Economics and Finance, 55: 53-66.

Fazzari S, Hubbard R G, Petersen B C, et al. 1988. Financing constraints and corporate investment. Brookings Papers on Economic Activity, (1): 141-206.

Feenstra R C, Li Z Y, Yu M J. 2011. Exports and credit constraints under incomplete information: theory and evidence from China. National Bureau of Economic Research Working Paper 16940.

Feenstra R C, Li Z , Yu M. 2014. Exports and credit constraints under incomplete information: theory and evidence from China. Review of Economics and Statistics, 96(4): 729-744.

Feenstra R C, Romalis J.2012. International prices and endogenous quality. NBER Working Paper.

Feenstra R C, Romalis J. 2014. International prices and endogenous quality. The Quarterly Journal of Economics, 129(2): 477-527.

Foellmi R, Oechslin M. 2012. Globalization and productivity in the developing world. World Trade Institute Papers 713.

Forlani E. 2010. Liquidity constraints and firm export activity. Université Catholique de Louvain-CORE Working Paper.

Fuchs W, Green B, Papanikolaou D. 2016. Adverse selection, slow-moving capital, and misallocation. Journal of Financial Economics, 120(2): 286-308.

Gatti R, Love I. 2008. Does access to credit improve productivity? Evidence from Bulgaria. The Economics of Transition, 16(3): 445-465.

Giammarioli N, Messina J, Steinberger T, et al. 2002. European labor share dynamics: an institutional perspective. European University Institute Economics Working Papers ECO2002/13.

Glass A J, Wu X D. 2007. Intellectual property rights and quality improvement. Journal of Development Economics, 82(2): 393-415.

Goldberg P K, Khandelwal A K, Pavcnik N, et al. 2010. Imported intermediate inputs and domestic product growth: evidence from India. The Quarterly Journal of Economics, 125(4): 1727-1767.

Goldsmith R N. 1969. Financial structure and development. New Heaven: Yale University Press.

Greenaway D, Guariglia A, Kneller R. 2007. Financial factors and exporting decisions. Journal of International Economics, 73(2): 377-395.

Hall R E. 1986. Market structure and macroeconomic fluctuations. Brookings Papers on Economic Activity, 17(2): 285-338.

Hall R E. 1988. The relation between price and marginal cost in US industry. Journal of Political Economy, 96(5): 921-947.

Hallak J C. 2006. Product quality and the direction of trade. Journal of International Economics, 68(1): 238-265.

Hallak J C, Schott P K. 2011. Estimating cross-country differences in product quality. The Quarterly Journal of Economics, 126(1): 417-474.

Harding T, Javorcik B S. 2011. FDI and export upgrading. University of Oxford, Department of Economics, Economics Series Working Papers 526.

Hausmann R, Hwang J, Rodrik D. 2007. What you export matters. Journal of Economic Growth, 12(1): 1-25.

Heckman J J. 1979. Sample selection bias as a specification error. Econometrica, 47(1): 153-161.

Helpman E, Melitz M, Rubinstein Y. 2008. Estimating trade flows: trading partners and trading volumes. The Quarterly Journal of Economics, 123(2): 441-487.

Hsieh C T, Klenow P J. 2009. Misallocation and manufacturing TFP in China and India. The Quarterly Journal of Economics, 124(4): 1403-1448.

Hubbard R G. 1997. Capital-market imperfections and investment. National Bureau of Economic Research Woking Paper No. W5996.

Hummels D, Klenow P J. 2005. The variety and quality of a nation's exports. The American Economic Review, 95(3): 704-723.

Javorcik B S, Spatareanu M. 2009. Liquidity constraints and firms' linkages with multinationals. The World Bank Economic Review, 23(2): 323-346.

Jeong H, Townsend R M. 2007. Sources of TFP growth: occupational choice and financial deepening. Economic Theory, 32(1): 179-221.

Kabaca S. 2009. The volatility of labor income share in emerging markets. Vancouver: University of British Columbia.

Kaplan S N, Zingales L. 1997. Do investment-cash flow sensitivities provide useful measures of financing constraints? The Quarterly Journal of Economics, 112(1): 169-215.

Khandelwal A. 2010. The long and short (of) quality ladders. The Review of Economic Studies, 77(4): 1450-1476.

Khandelwal A K, Schott P K, Wei S J. 2013, Trade liberalization and embedded institutional reform: evidence from Chinese exporters. The American Economic Review, 103(6): 2169-2195.

Kugler M, Verhoogen E. 2012. Prices, plant size, and product quality. The Review of Economic Studies, 79(1): 307-339.

Lawless M, Whelan K T. 2011. Understanding the dynamics of labor shares and inflation. Journal of Macroeconomics, 33(2): 121-136.

Leaven L. 2003. Does financial liberalization reduce financing constraints? Financial Management, 32(1): 5-34.

Levine R , Zervos S. 1998. Stock markets, banks, and economic growth. American Economic Review, (88): 537-558.

Levinsohn J, Petrin A. 2003. Estimating production functions using inputs to control for unobservables. The Review of Economic Studies, 70(2): 317-341.

Li Z Y, Yu M J. 2009. Exports, productivity and credit constraints: a firm-level empirical investigation for China. China Center for Economics Research Working Paper No. E2009005.

MacKinnon D P, Lockwood C M, Hoffman J M, et al. 2002. A comparison of methods to test mediation and other intervening variable effects. Psychological Methods, 7(1): 83-104.

Maksimovic V, Titman S. 1991. Financial policy and reputation for product quality. The Review of

Financial Studies, 4(1): 175-200.

Manova K. 2008. Credit constraints, equity market liberalizations and international trade. Journal of International Economics, 76(1): 33-47.

Manova K. 2013. Credit constraints, heterogeneous firms, and international trade. The Review of Economic Studies, 80(2): 711-744.

Manova K, Zhang Z W. 2012. Export prices across firms and destinations. The Quarterly Journal of Economics, 127(1): 379-436.

Manova K, Wei S J, Zhang Z W. 2015. Firm exports and multinational activity under credit constraints. Review of Economics and Statistics, 97(3): 574-588.

Martin S. 2001. Industrial Organization: A European Perspective. New York: Oxford University Press

Mason G, van Ark B, Wagner K. 1996. Workforce skills, product quality and economic performance. Booth A, Snower D J. Acquiring Skills. Cambridge: Cambridge University Press: 175-198.

Melitz M J. 2003. The impact of trade on intra-industry reallocations and aggregate industry productivity. Econometrica, 71(6): 1695-1725.

Melitz M J, Ottaviano G I P. 2008. Market size, trade, and productivity. The Review of Economic Studies, 75(1): 295-316.

Minetti R, Zhu S C. 2011. Credit constraints and firm export: microeconomic evidence from Italy. Journal of International Economics, 83(2): 109-125.

Modigliani F, Miller M H. 1958. The cost of capital, corporation finance and the theory of investment. The American Economic Review, 48(3): 261-297.

Modigliani F, Miller M H. 1963. Corporate income taxes and the cost of capital: a correction. The American Economic Review, 55(3): 433-443.

Mohnen P, Palm F C, van der Loeff S S, et al. 2008. Financial constraints and other obstacles: are they a threat to innovation activity? De Economist, 156(2): 201-214.

Moll B. 2009. Creditor Rights, inequality and development in a neoclassical growth model. University of Chicago, mimeo.

Mulkay B, Hall B H, Mairesse J. 2001. Firm level investment and R&D in France and the United States: a comparison. Investing Today for the World of Tomorrow. Berlin: Springer Berlin Heidelberg: 229-273.

Musso P, Schiavo S. 2008. The impact of financial constraints on firm survival and growth. Journal of Evolutionary Economics, 18(2): 135-149.

Muûls M. 2008. Exporters and credit constraints: a firm-level approach. National Bank of Belgium, Working Paper Research 139.

Muûls M. 2015. Exporters, importers and credit constraints. Journal of International Economics, 95(2): 333-343.

Myers S C. 1984. The capital structure puzzle. The Journal of Finance, 39(3): 574-592.

Nagaraj P. 2010. Financial constraints and export participation. Working Paper, New York University.

Nagaraj P. 2014. Financial constraints and export participation in India. International Economics, 140: 19-35.

Neumeyer P A, Perri F. 2005. Business cycles in emerging economies: the role of interest rates.

Journal of Monetary Economics, 52(2): 345-380.

Norrbin S C. 1993. The relation between price and marginal cost in US industry: a contradiction. Journal of Political Economy, 101(6): 1149-1164.

Oberfield E. 2011. Productivity and misallocation during a crisis. Federal Reserve Bank of Chicago.

Olley G S, Pakes A. 1992. The dynamics of productivity in the telecommunications equipment industry. Working Papers 92-2, Center for Economic Studies, U. S. Census Bureau.

Olley G S, Pakes A. 1996. The dynamics of productivity in the telecommunications equipment industry. Econometrica, 64(6): 1263-1297.

Pagano M, Pica G. 2012. Finance and employment. Economic Policy, 27(69): 5-55.

Paravisini D, Rappoport V, Schnabl P. 2015. Specialization in bank lending: evidence from exporting firms. NBER Working Paper, 21800.

Peek J, Rosengren E S. 2005. Unnatural selection: perverse incentives and the misallocation of credit in Japan. The American Economic Review, 95(4): 1144-1166.

Peters M. 2011. Heterogeneous markups and endogenous misallocation. MIT Working Paper.

Petrin A, Sivadasan J. 2006. Job security does affect economic efficiency: theory, a new statistic, and evidence from Chile. National Bureau of Economic Research Working Paper 12757.

Phillips G, Sertsios G. 2013. How do firm financial conditions affect product quality and pricing? Management Science, 59(8): 1764-1782.

Rajan R, Zingales L. 1998. Financial dependence and growth. The American Economic Review, 88(3), 559-587.

Reed W R. 2015. On the practice of lagging variables to avoid simultaneity. Oxford Bulletin of Economics and Statistics, 77(6): 897-905.

Restuccia D, Rogerson R. 2008. Policy distortions and aggregate productivity with heterogeneous establishments. Review of Economic Dynamics, 11(4): 707-720.

Restuccia D, Rogerson R. 2013. Misallocation and productivity. Review of Economic Dynamics, 16(1): 1-10.

Roberts M J, Tybout J R. 1997. The decision to export in Colombia: an empirical model of entry with sunk costs. The American Economic Review, 87(4): 545-564.

Rodrik D. 2006. What's so special about China's exports? China & World Economy, 14(5): 1-19.

Roeger W. 1995. Can imperfect competition explain the difference between primal and dual productivity measures? Estimates for U. S. manufacturing. Journal of Political Economy, 103(2): 316-330.

Roodman D. 2009. How to do Xtabond2: an introduction to difference and system GMM in Stata. The Stata Journal, 9(1): 86-136.

Savignac F. 2008. Impact of financial constraints on innovation: what can be learned from a direct measure? Economics of Innovation and New Technology, 17(6): 553-569.

Schott P K. 2004. Across-product versus within-product specialization in international trade. The Quarterly Journal of Economics, 119(2): 647-678.

Schott P K. 2008. The relative sophistication of Chinese exports. Economic Policy, 23(53): 5-49.

Secchi A, Tamagni F, Tomasi C. 2012. Exporting under financial constraints: margins, switching

dynamics and prices. Centro Studi Luca D'agliano Development Studies Working Paper, (338).
Silva F, Carreira C. 2012. Do financial constraints threat the innovation process? Evidence from Portuguese firms. Economics of Innovation and New Technology, 21(8): 701-736.
Sobel M E. 1987. Direct and indirect effects in linear structural equation models. Sociological Methods & Research, 16(1): 155-176.
Solow R M. 1956. A contribution to the theory of economic growth. The Quarterly Journal of Economics, 70(1): 65-94.
Song Z, Storesletten K, Zilibotti F. 2011. Growing like China. The American Economic Review, 101(1): 196-233.
Sufi A. 2009. Bank lines of credit in corporate finance: an empirical analysis. The Review of Financial Studies, 22(3): 1057-1088.
Syverson C. 2011. What determines productivity? Journal of Economic Literature, 49(2): 326-365.
Tybout J R. 2001. Plant-and firm-level evidence on "new" trade theories. National Bureau of Economic Research Working Papers 8418.
Verhoogen E A. 2008. Trade, quality upgrading, and wage inequality in the Mexican manufacturing sector. The Quarterly Journal of Economics, 123(2): 489-530.
Williamson O E. 1985. The Economic Institutions of Capitalism. Washington: Free Press.
Wooldridge J M. 2010. Econometric Analysis of Cross Section and Panel Data. 2rd. London: MIT Press.
Xu B, Lu J Y. 2009. Foreign direct investment, processing trade and the sophistication of China's exports. China Economic Review, 20(3): 425-439.
Yang M J. 2011. Micro-level misallocation and selection: estimation and aggregate implications. UC-Berkeley Working Paper.
Yavas B F, Freed R. 2001. An economic rationale for countertrade: liquidity constraints. The International Trade Journal, 15(2): 127-155.
Zhang Q, Felmingham B. 2001. The relationship between inward direct foreign investment and China's provincial export trade. China Economic Review, 12(1): 82-99.